W9-CZT-457

Chefs contra el hambre

Chefs contra el hambre

Las recetas de los mejores cocineros de España

mr · ediciones

Concepto gráfico: Rudesindo de la Fuente
Diseño de la cubierta: Paso de Zebra
Fotografía: Alfonso Zubiaga

Primera edición: Noviembre de 2003

© 2003, Acción contra el Hambre
© 2003, Ediciones Martínez Roca, S. A.
Paseo de Recoletos, 4. 28001 Madrid
ISBN: 84-270-2992-6
Depósito legal: M. 45.063-2003
Fotocomposición: J. A. Diseño Editorial, S. L.
Impresión: Huertas, S. A.

Impreso en España – Printed in Spain

Índice

VALLE, Jacinto del

Restaurante Porto Pí

VICENTE, Toñi

Restaurante Toñi Vicente

Introducción

Acción contra el Hambre

Acción contra el Hambre es una organización no gubernamental privada, apolítica, aconfesional y no lucrativa, creada en 1979 para intervenir en todo el mundo. Su vocación es luchar contra el hambre, la miseria y las situaciones de peligro que amenazan a hombres, mujeres y niños indefensos.

Su acción se sitúa en países en los que hay una crisis, con intervenciones de urgencia, o bien allí donde ya la ha habido, con programas de rehabilitación y reactivación para garantizar lo antes posible que la población pueda recuperar su autonomía. Asimismo, se trabaja en la línea de intervención y prevención de riesgos.

En el desarrollo de su actividad, Acción contra el Hambre respeta seis principios fundamentales: independencia, neutralidad, no discriminación, acceso libre y directo a las víctimas, profesionalidad y transparencia.

Acción contra el Hambre interviene de forma directa en más de cuarenta países de los cinco continentes, con programas de nutrición, agricultura, salud pública, agua y saneamiento, que benefician a más de cinco millones de personas en todo el mundo.

Acción contra el Hambre agradece a todos los cocineros participantes en este libro la generosa donación de sus derechos de autor a esta organización no gubernamental, y agradece asimismo a mr ediciones su apoyo, sin el cual 'este libro no habría sido posible.

Para más información, por favor contactar con:

Acción contra el Hambre
Caracas, 6, 1.º
28010 Madrid
Tlfo.: 902 100 822
Página web: www.accioncontraelhambre.org

Ferran Adrià

Restaurante EL BULLI

Carla Montjoi, s/n

17480 Roses

Barcelona

Tlfo.: 972 15 04 57   Fax: 972 15 07 17

www.elbulli.com

Sopa de piña con hinojo confitado y flan de anís

——————

Ingredientes (para 4 personas)

Para el hinojo confitado: 500 g de agua • 200 ml de azúcar • 2 bulbos de hinojo de 100 gramos cada uno

Para el jarabe base: 50 g de azúcar • 50 ml de agua

Para el agua de hinojo: 200 g de hinojo fresco • 200 ml de agua

Para la gelatina de hinojo fresco: 225 ml de agua de hinojo (elaboración anterior) • 25 ml de jarabe base (elaboración anterior) • 1 hoja y 1/4 de gelatina de 2 g, previamente rehidratada en agua fría

Para el flan de anís estrellado: 100 g de nata líquida con 35% de materia grasa • 50 ml de leche • 2 yemas de huevo • 30 g de azúcar • 3 anises estrellados

Para el jarabe oscuro: 25 g de azúcar • 25 ml de agua

Para la sopa de piña: 1 piña de 800 g • 40 ml de agua • 30 g de jarabe oscuro (elaboración anterior) • *brunoise* de piña • *brunoise* de bulbo de hinojo • hinojo fresco picado

Para las láminas de piña: 1/2 piña pelada

Para el caramelo líquido de anís seco: 100 g de azúcar • 50 g de agua • 15 g de glucosa • 20 g de anís seco

Otros: hojitas de bulbo confitado

Elaboración

Hinojo confitado: Poner en un cazo el agua y el azúcar, y levantar el hervor. Una vez elaborado el jarabe, cocer a fuego muy lento los bulbos de hinojo enteros durante 1 hora y 1/2 aproximadamente. Quitar las hojas externas y fibrosas del hinojo y guardar el tallo tierno y confitado.

Jarabe base: Mezclar el azúcar y el agua y levantar el hervor.

Agua de hinojo: Separar las hojas de los tallos de hinojo y cortar estos últimos en trozos pequeños. Escaldar los tallos 2 minutos y las hojas 30 segundos en agua hirviendo. Enfriar en agua con hielo y escurrir. Triturar en el vaso americano con el agua fría del escaldado. Colar y pasar por una estameña.

Gelatina de hinojo fresco: Calentar el jarabe base a 50 °C y disolver la gelatina. Retirar del fuego y añadir el agua de hinojo. Dejar cuajar en la nevera un mínimo de 2 horas.

Flan de anís estrellado: Romper el anís entre dos papeles sulfurizados para que se desprenda su aroma. Hervir la nata con la leche e infusionar 3 horas el anís estrellado. Mezclar y blanquear las yemas con el azúcar. Juntar con la infusión y pasar todo por un colador. Cocer en el horno al baño María a 160 °C durante 7 minutos aproximadamente. Dejar enfriar en la nevera.

Jarabe oscuro: Caramelizar en seco el azúcar hasta que adquiera un bonito color tostado. Descaramelizar con el agua y guardar en la nevera.

Sopa de piña: Guardar media piña para hacer las láminas. Pelar y trocear la otra mitad para obtener 250 gramos. Mezclar la piña troceada con el agua y el jarabe oscuro. Triturar. Calentar el puré de piña a 70 °C. Dejar escurrir en un colador un mínimo de 6 horas. Pasar por una estameña para acabar de aprovechar al máximo el agua de piña. En el momento de servir, mezclar la *brunoise* de piña y de bulbo de hinojo con el hinojo fresco picado en la sopa.

Láminas de piña: Cortar cuatro láminas de piña de 0,1 centímetros de grosor máximo en la máquina cortadora.

Caramelo líquido de anís seco: Poner en un cazo los 50 gramos de agua, el azúcar y la glucosa y cocer hasta obtener un caramelo rubio. Retirar del fuego y descaramelizar con 20 mililitros de agua. Añadir el anís seco y reducir hasta que su densidad sea como la de un caramelo líquido. Colar.

Acabado y presentación

Cortar a cuartos los tallos tiernos de bulbo de hinojo confitados y envolverlos en la piña laminada. Montar dos trozos de hinojo confitado en un plato sopero y aplicar encima caramelo de anís seco. Introducir la sopa en la sopera. Poner en los bordes de un plato sopero cinco cucharadas pequeñas del flan de anís, intercalando gelatina de hinojo. Acabar colocando unas hojitas de hinojo fresco sobre el flan de anís y sobre los tallos de bulbo confitado.

«FOIE-GRAS» CALIENTE DE PATO CON SORBETE DE MANGO Y REDUCCIÓN DE VINAGRE DE CABERNET-SAUVIGNON

———

Ingredientes (para 4 personas)

Para el foie-gras de pato: 1 *foie-gras* de pato de 500 g

Para el mango caramelizado: 1 mango de 250 g al punto • 100 g de agua • 60 g de azúcar

Para el sorbete de mango: 200 g de mango maduro • 20 ml de agua • 20 g de azúcar • 0,8 g de estabilizante para sorbetes

Para la reducción de vinagre de cabernet-sauvignon: 100 g de vinagre de cabernet-sauvignon • 20 g de glucosa

Para las hojas de endibia: 1 endibia

Otros: sal • pimienta negra recién molida • aceite de oliva de 0,4° • harina de trigo • 4 ramitas de perifollo

Elaboración

Foie-gras de pato: Racionar el *foie-gras* en trozos de 65 gramos.

Mango caramelizado: Juntar el agua con el azúcar y llevar a ebullición a fuego medio. Remover y retirar del fuego. Dejar enfriar. En la máquina cortadora obtener láminas de mango de 0,1 centímetros, cortando verticalmente respecto al hueso y procurando que queden enteras. Disponer las láminas sobre un *silpat*, separadas entre sí, y secar al horno, durante 2 horas aproximadamente, a unos 60 °C. Rehidratar la lámina de mango con el jarabe caliente, poner sobre un *silpat* y cocer al horno a 150 °C durante 3 minutos, hasta que adquiera un color ligeramente dorado. Dejar enfriar.

Sorbete de mango: Mezclar el agua y el azúcar y llevar a ebullición a fuego lento hasta obtener un jarabe. Dejar enfriar. Triturar el mango en un vaso americano. Mezclar el mango con el jarabe y colar. Calentar una tercera parte del puré de mango con el estabilizante hasta 85 °C, sin parar de remover, e incorporarlo al resto del puré de mango. Dejar madurar el sorbete 12 horas en la nevera. Pasar el sorbete por la sorbetera y mantener en el congelador entre –8 y –10 °C.

Reducción de vinagre de cabernet-sauvignon: Poner a cocer el vinagre junto con la glucosa a fuego suave hasta conseguir una reducción con la densidad de un caramelo líquido. Colar e introducir en un dosificador de salsas.

Hojas de endibia: Deshojar la endibia. Quitar la parte blanca y amarga de las hojas.

Acabado y presentación

Marcar a fuego medio alto, en una sartén antiadherente, cuatro trozos de *foie-gras* a punto de sal y pimienta y enharinados por los costados del corte. Deben quedar bien dorados. Escurrir con papel absorbente el exceso de grasa y templar en la salamandra hasta conseguir la textura deseada. Marcar las endibias en la sartén con un poco de aceite de oliva. Poner a punto de sal. Colocar el *foie-gras* en el centro del plato con las endibias encima, sobre estas el mango caramelizado y al lado una *quenelle* de sorbete de mango. Acabar salseando con la reducción de vinagre, cortada con la grasa que habrá soltado el *foie-gras*. Colocar una ramita de perifollo junto al *foie-gras*.

SANDÍA A LA PLANCHA CON TOMATE Y PISTACHO Y REDUCCIÓN DE VINAGRE DE CABERNET-SAUVIGNON

Ingredientes (para 4 personas)

Para los rectángulos de sandía: 1 k de sandía sin pepitas

Para los dados de tomate: 4 tomates maduros tersos de 100 g

Para el pistacho picado: 50 g de pistacho verde repelado

Para la reducción de vinagre: 100 g de vinagre de cabernet-sauvignon • 20 g de glucosa

Otros: 100 g de aceite de oliva virgen • 32 hojitas de albahaca fresca • sal Maldon

Elaboración

Rectángulos de sandía: Pelar la sandía y, de la parte más compacta, sacar cuatro rectángulos de 1,5 centímetros de grosor por 4 centímetros de ancho y 10 centímetros de largo.

Dados de tomate: En la parte inferior del tomate trazar dos incisiones superficiales en forma de cruz. Con una puntilla, extraer la base del tallo del tomate. Sumergir en agua hirviendo 15 segundos. Sacar con la ayuda de una araña y enfriar en agua y hielo. Pelar, cortar en cuartos y despepitar. Cuadrar el tomate y cortar dados de 0,7 x 0,7 centímetros. Guardar en un escurridor.

Pistacho picado: Secar en una bandeja de horno durante 10 minutos a 150 °C. Dejar enfriar y picar a trocitos irregulares.

Reducción de vinagre: Poner a reducir el vinagre junto con la glucosa. Reducir a fuego suave hasta conseguir una salsa espesa con la densidad de un caramelo líquido. Colar e introducir en un dosificador de salsas.

Acabado y presentación

Marcar y cocer la sandía en la plancha a fuego suave por los dos lados durante unos 5 minutos. Retirar y dejar reposar en una rejilla 5 minutos. Aliñar el tomate con aceite de oliva virgen y poner a punto de sal. Colocar los dados de tomate encima de la sandía bien caliente, los pistachos picados y las hojitas de albahaca fresca. Colocar la sandía en el centro del plato y salsear con la reducción de vinagre en zigzag. Terminar con un cordón de aceite de oliva virgen y sal Maldon encima del tomate.

Andoni Luis Adúriz

Restaurante MUGARITZ
Caserío Otzazulueta-aldura aldea, 20
20100 Rentería
Guipúzcoa
Tlfo.: 94 352 24 55   Fax: 94 351 82 16
mugartitz.com   info@mugaritz.com

Alcachofas estofadas «al natural»

Ingredientes (para 4 personas)

Para las alcachofas: 24 alcachofas • 2 l de agua • 50 g de harina • 50 ml de aceite de oliva

Para el caldo de legumbres: 1 l y 1/2 de agua • 1 zanahoria pequeña • 20 g de puerro • 1 diente de ajo • 1/2 cebolla • 75 g de garbanzos remojados desde la víspera • 1 hueso • 200 g de carne rica en colágeno

Para el caldo de tuétano: 400 g de tuétano limpio • 1 litro y 1/2 de caldo de legumbres

Para el jugo de tuétano: 170 g de tuétano cocido • 520 g de caldo de tuétano • 50 g de aceite de trufa • 5 g de sal

Para la trufa fresca: 10 g de trufa *Tuber mesentericum*

Para el limón en salmuera: 4 limones • 100 g de sal • 200 g de azúcar

Elaboración

Alcachofas: Mezclar uniformemente el aceite, el agua y la harina dentro de un bol. Batir con fuerza. Limpiar las alcachofas e introducirlas dentro de la mezcla. Envasarlas al vacío con parte del agua del bol sin dar mucha presión. Cocer en un horno a vapor a 103 °C durante 35 minutos.

Transcurrido este tiempo, retirar a un recipiente con agua y hielos. Partir cada alcachofa en cuatro y retirar alguna capa del exterior. Guardar dentro de la misma agua.

Caldo de legumbres: Limpiar bien toda la verdura, trocearla e introducirla dentro de un puchero junto al resto de los ingredientes. Cuando hierva poner el fuego al mínimo y dejar cocer durante 5 horas.

Caldo de tuétano: Desangrar la carne de tuétano en agua muy fría durante 2 días, cambiando el agua cada 12 horas. Juntar el caldo de legumbres y el tuétano y poner a calentar durante 5 horas, cuidando de que no hierva en ningún momento. Dejar enfriar 1 día y después quitar la capa de grasa.

Jugo de tuétano: Colocar en la batidora todos los ingredientes y triturar a 90 °C a toda potencia. Colar por un paño húmedo.

Trufa: Picar en juliana la trufa lo más finamente posible. Guardar bien para que no se estropee.

Limón en salmuera: Rallar los limones y exprimir dos de ellos. Mezclar la ralladura con el zumo. Hacer un corte en forma de cruz a los otros dos limones y cocerlos durante 4 minutos en agua. Enfriar. Colocar los limones cocidos en un recipiente y cubrir con la sal, el azúcar y el zumo. Dejar reposar 1 mes. Tras el mes, quitar con una puntilla la carne de los limones y hacer una juliana muy fina.

Acabado y presentación

Saltear las alcachofas y calentar el jugo de tuétano. En cuatro platos hondos repartir las alcachofas dando un poco de volumen al plato. Colocar el limón y agregar la trufa. Cubrir con el jugo de tuétano.

COSTILLAR DE CORDERO ASADO AL HORNO

Ingredientes (para 4 personas)

Para el costillar de cordero: 2 *carrés* de 8 costillas de 800 g a 1 k cada uno
• 100 ml de aceite de oliva de 0,4° • sal
Para las avellanas: 10 unidades de avellana natural pelada y tostada
Para la emulsión de borraja: 100 g de hojas de borraja • 200 ml de aceite de avellana
Para los ajos deshilachados: 200 g de ajos tiernos
Para el aceite de trufa: 200 ml de aceite de trufa
Para la oxalis: 24 hojas de oxalis • 12 flores de oxalis

Elaboración

Costillar de cordero: Preparar el costillar de la siguiente manera. Primero, limpiar el lomo, deshuesando la columna central. Una vez obtenidos los dos lomos con los huesos de la costilla solamente, quitar el nervio duro que tiene a lo largo del lomo.

Aproximadamente a 1 centímetro de la unión del lomo con el hueso de la costilla, hacer un corte a lo largo del mismo. Cortar hasta tocar el hueso y raspar este en dirección contraria al lomo. Limpiar las costillas perfectamente, quitándoles totalmente la carne y la membrana que las recubre. Asimismo, limpiar el lomo dejando únicamente la grasa necesaria.

Dorar el lomo en una sartén de cobre con 100 mililitros de aceite de oliva de 0,4° a fuego medio-alto, por el lado de la grasa. Tiene que quedar crudo en el centro y bien dorado por todo el exterior. Hornear a 130 °C durante 20 o 25 minutos y dejar reposar 9 o 10 minutos en un lugar caliente a 45°. Una vez ha reposado, calentar en la salamandra, sin calor directo, durante 5 o 6 minutos.

Avellanas: Tostar las avellanas en el horno hasta que estén crujientes y tomen un bonito color dorado. Cortarlas en dos mitades. Reservar.

Emulsión de borraja: Escaldar las hojas limpias de la borraja durante 10 segundos. Escurrirlas y refrescarlas en agua y hielos para cortar la cocción. Sacarlas del agua y licuarlas. Emulsionar el jugo obtenido con el aceite de avellana. Rectificar de sal y reservar.

Ajos deshilachados: Cocer los ajos frescos, echándolos en agua salada hirviendo, hasta que estén *al dente*. Refrescarlos y reservarlos.

Oxalis: Lavar las hojas de oxalis en agua fría. Escurrirlas y reservarlas. Manipular sus flores de la misma manera.

Acabado y presentación

En cuatro platos llanos trazar un círculo con la emulsión de borraja. Sobre esta, añadir una fina línea de aceite de avellana. En la parte superior del mismo colocar las tiras de ajo fresco templadas con mantequilla de avellana. Dispersar cuatro o cinco medias avellanas por el plato.

Tallar el costillar de cordero dejándole la cantidad justa de grasa necesaria. Cortar en medallones y disponerlos parcialmente sobre los ajos deshilachados. Sazonar finalmente con sal de Guérande. Colocar las hojas y flores de oxalis.

POSOS DE CAFÉ EXPRESO
SOBRE UN JUGO FRÍO DE CACAO

———

Ingredientes (para 4 personas)

Para las galletas: 25 g de azúcar • 25 g de harina de almendra • 15 g de harina de trigo • 6 g de cacao en polvo • 5 g de café molido • 20 g de mantequilla • 2 g de sal

Para la sopa de cacao: 25 ml de nata líquida • 43,75 ml de agua • 7,5 g de pasta de cacao • 6,25 g de cobertura de cacao • 12,5 g de *gianduia* • 6,25 g de cacao en polvo • 4,25 g de mantequilla • 3,75 g de glucosa

Para la crema de achicoria: 100 ml de agua • 12,5 g de achicoria • 15 g de azúcar • 1,25 g de gelatina en hojas

Para la piel de leche: 500 ml de leche de caserío • 165 ml de nata líquida

Otros: sal gruesa marina

Elaboración

Galletas: Derretir la mantequilla a baja temperatura para no separar la grasa del suero. Dejar enfriar sin que llegue a solidificarse.

Por otro lado, unir los demás ingredientes en un bol. Añadir la mantequilla poco a poco, a medida que se mezcla con el resto de los ingredientes. Una vez que el resultado queda muy homogéneo, reservar bien filmado.

Para hornear, extraer pequeños trozos de masa del tamaño de un garbanzo y de forma irregular. Hornear a 145 ºC durante 20 o 25 minutos. Cuando las galletas están ya cocidas y frías, guardar en un recipiente hermético que preserve de la humedad.

Sopa de cacao: Por un lado, calentar la nata líquida, el agua, la mantequilla y la glucosa juntas. Por otro, mezclar en un bol la manteca y la cobertura de cacao ralladas, la *gianduia* y el cacao en polvo. Filmar el recipiente y derretir el conjunto al baño María. Una vez derretido, apartar del fuego.

Cuando las dos mezclas estén a 35 o 40 ºC aproximadamente, unir en el batidor eléctrico a 30 ºC, a media velocidad durante 6 o 7 minutos. Colar y reservar en el frigorífico.

Crema de achicoria: Preparar una infusión con el agua y la achicoria durante 10 minutos. Pasado el tiempo, filtrar el extracto con la ayuda de una estameña de tela. Reservar.

Colocar en el bol de un batidor eléctrico a varillas la gelatina remojada y escurrida, el azúcar y la infusión de achicoria. Mezclar los ingredientes con delicadeza; una vez homogéneo, montarlos a la máxima potencia del aparato durante 30 minutos aproximadamente, hasta que estén bien montados, como unas claras.

Reservar en la cámara bien tapado.

Piel de leche: Mezclar la leche de caserío y la nata líquida en una cazuela baja y de 30 o 35 centímetros de diámetro. Calentar. Cuando hierva, remover con una varilla y dejar que vuelva a hervir. En este momento se retira del fuego y se cubre con la tapa de la cazuela, dejando enfriar a temperatura ambiente. Después, reservar en la cámara frigorífica.

Lo ideal es prepararlo la víspera, para que la grasa se solidifique en la superficie.

A la hora del pase, cortar la nata espesa en rectángulos de 3 x 4 centímetros, dejándolos tapados en la misma leche hasta su utilización, para que no se sequen.

Acabado y presentación

Sacar un trozo de crema de achicoria y cortar 12 rectángulos de 3 x 2 centímetros y 1 centímetro de grosor. Disponerlos sobre una bandeja fría.

Escurrir cuidadosamente los rectángulos de nata con la ayuda de una espumadera. A medida que se escurren, voltearlos sobre la crema de achicoria, cubriéndola totalmente y dejando el lado húmedo hacia arriba.

Sobre cuatro platos llanos hacer un dibujo con la sopa de cacao. Sobre este, colocar cuidadosamente dos cucharadas de galletas de café.

Distribuir la crema de achicoria y nata sobre los platos, paralela a las galletas. Sazonar la superficie de cada piel de leche con tres granos de sal gruesa marina.

Antonio y María de los Llanos Alcaraz Ortas

Restaurante LOS CHURRASCOS
Avda. Filipinas, 13
30366 El Algar
Cartagena
Tlfos.: 968 13 60 28/968 13 61 44   Fax: 968 13 62 30
info@loschurrascos.com

Ensalada de la huerta y el mar

Ingredientes (para 4 personas)

1 calabacín • 1 berenjena • 6 espárragos trigueros • 8 gambas peladas • 1 tomate pelado • 1 cebolla tierna • 1 zanahoria • 1 lechuga de perdiz • 1 palmito • vinagre de frambuesa • vinagre de Módena • aceite de oliva • sal • pimienta

Elaboración

Se pelan el calabacín, la berenjena y la zanahoria y se cortan a rodajas. Se cortan la cebolla y el tomate en juliana, la lechuga a cuadrados y el palmito a rodajas.

Se hacen a la plancha el calabacín, la berenjena, la cebolla, la zanahoria, los espárragos y las gambas. Una vez listas las verduras, se reservan.

Para las gambas, poner en una sartén un poco de aceite de oliva con algo de sal y vinagre de frambuesa y reducir con las gambas en su interior.

Acabado y presentación

Se monta la lechuga en un lado de un plato trinchero, se coloca encima el palmito y se aliña con sal, aceite y vinagre de Módena; se pone la verdura encima de la lechuga y se aliña con aceite y un poco de vinagre de Módena. Al otro lado del plato se coloca el tomate con las gambas encima y se aliña con la salsa donde se han cocido las gambas.

LUBINA A LA SOBRASADA

Ingredientes (para 4 personas)

1 lubina de 1 k y 1/4 • 60 g de sobrasada • 0,08 g de sal • 0,08 g de maicena • agua

Elaboración

Una vez limpia la lubina, se salpimenta y se mete en el horno durante 6 minutos. En un cazo se pone la sobrasada y se derrite. Cuando está bien derretida se pasa por un colador, se le añade el agua y se pone a hervir. Cuando rompe a hervir se agregan la sal y la maicena. Una vez se ha sacado del horno la lubina, se le echa la salsa por encima.

TARTA DE LA ABUELA

Ingredientes (para 4 personas)

3 l de leche • 200 g de azúcar • 2 sobres de flanín El Niño • 200 g de chocolate Valor en polvo • 50 g de coñac • 40 galletas María • 200 g de coco rallado

Elaboración

En un cazo se pone a hervir 1 litro y 1/2 de leche. Cuando rompe el hervor, se le añade el chocolate en polvo y se remueve hasta que vuelva a hervir. Se pone en otro cazo 1 litro de leche y cuando rompe a hervir se agrega el flanín El Niño y se deja hervir durante 2 minutos, hasta obtener unas natillas. En un recipiente aparte se juntan el otro 1/2 litro de leche y el coñac y se van remojando las galletas.

Acabado y presentación

Para el montaje se coloca primero una capa de galletas, después una de chocolate, a continuación otra de galletas, una de natillas, otra de galletas y, finalmente, otra de chocolate. Se mete en la nevera para que cuaje.

A la hora de servir la tarta, se espolvorea el coco rallado por encima.

Hilario Arbelaitz

Restaurante Zuberoa Jatetxea
Plaza de Bekosoro, 1
20180 Iturriotz, Oiartzun
Guipúzcoa
Tlfo.: 943 49 12 28   Fax: 943 49 26 79

FRUTOS DEL MAR Y COLIFLOR AL «CURRY»

Ingredientes (para 4 personas)

1 centollo • 4 vieiras • 8 mejillones • 8 berberechos • 8 almejas • 1 hoja de gelatina • 1 coliflor • 50 g de mantequilla • 100 ml de nata • agua • sal • *curry* • perifollo • vinagreta de perejil

Elaboración

Gelatina caliente de frutos de mar: Cocer el centollo en agua y sal durante 15 minutos. Los berberechos, las almejas y los mejillones se abren con un poco de agua, que después se utiliza para fundir con la gelatina y preparar una gelatina caliente de frutos de mar.

Coliflor: Cocer en agua y sal la coliflor y, cuando se está terminando la cocción, agregar la nata y la mantequilla. Triturar perfectamente y colar.

Acabado y presentación

En el fondo del plato poner una cucharada de centollo en crema, después la crema de coliflor, un poco de *curry* y encima los frutos de mar, cubiertos con la gelatina caliente que hemos realizado con su jugo. Se decora con perifollo y unas gotas de vinagreta de perejil.

SALTEADO DE MANITAS Y VERDURAS CON «FOIE»

Ingredientes (para 4 personas)

2 patas de cerdo • 4 escalopes de *foie* un poco gruesos • 2 puerros • 2 zanahorias • 1 cebolla • 1/4 de l de vino tinto • 2 dientes de ajo • perejil • tomillo • sal • comino • hojas de espinaca crudas • puré de patatas

Elaboración

Manitas: En primer lugar, se cuecen en un puchero las dos patas de cerdo con la mitad de las verduras y el vino tinto. Una vez cocidas, se deshuesan las patas y se trocean. Se pocha la otra mitad de las verduras y se agregan a las patas.

Salsa: Se deja reducir al mínimo el caldo de la cocción de las patas con el comino.

Foie: Golpear en una sartén los cuatro escalopes de *foie* y calentar en el horno.

Acabado y presentación

En un plato llano se colocan primero las manitas y encima, el *foie*. Se salsea por encima y se adorna con verduritas calientes y hojas de espinaca cruda. Al lado se sirve un poco de puré de patatas.

NARANJAS CON COCO

Ingredientes (para 6 personas)

Para las naranjas en rodajas: 3 naranjas en rodajas • 1 l de almíbar

Para el helado de naranja: la ralladura de la cáscara de 6 naranjas • 660 ml de nata líquida • 330 ml de leche • 350 g de azúcar • 30 g de glucosa

Para el caramelo de naranja: 250 g de *fondant* • 175 g de glucosa • 30 g de polvo de cáscara de naranja

Para la espuma de coco: 1/2 l de puré de coco • 150 ml de nata líquida

Para la gelatina de naranja: la cáscara de 3 naranjas • el zumo de 3 naranjas • 1 l de agua • 1 k de azúcar • 6 hojas de gelatina

Elaboración

Rodajas de naranja: Se cortan las rodajas lo más fino que se pueda, se pasan por el almíbar y se ponen en placas al horno durante 2 horas a 70 ºC.

Helado de naranja: Se rallan las naranjas y se exprime el zumo. Se mezclan la nata líquida, la leche, el azúcar y la glucosa, se añaden el zumo y la ralladura, y se monta en la sorbetera.

Caramelo de naranja: Poner la glucosa y el *fondant* a hacer caramelo a 160 ºC y, al final, fuera del fuego, añadir el polvo de cáscara de naranja. Estirar con un rodillo y formar tiras finas.

Espuma de coco: Rellenar el sifón con el puré de coco y la nata líquida y cargar el gas.

Gelatina de naranja: Se confita la cáscara de naranja en almíbar y después se tritura. Se añaden el zumo y la gelatina.

Acabado y presentación

En un lado del plato, intercalar tiras de gelatina de naranja con la espuma de coco. Entre la naranja y la espuma distribuir el caramelo de naranja y, en la parte del plato restante, servir el helado de naranja.

Sergi Arola

Restaurante La Broche
Miguel Ángel, 29
28010 Madrid
Tlfo.: 91 399 34 37
info@labroche.com

ENSALADA DE ALMEJAS CON «TAGLIOLINI» Y OREJA DE CERDO

Ingredientes (para 4 personas)

20 almejas gordas de carril • 1/2 oreja de cerdo cocida • 1 blanco de puerros cortado en juliana • 1 tomate de ensalada cortado en finos cubitos • 200 g de pasta fresca *(tagliolini)* • el zumo de 1 limón • aceite de oliva virgen • sal y pimienta blanca • una cucharada de café de cebollino picado

Elaboración

La elaboración de este plato es tan sencilla como rico es el resultado final.

Básicamente, se trata de la típica ensalada *frutti di mare* (como concepto), con la particularidad de que las almejas, lejos de estar supercocidas, sacrilegio al que nos tienen acostumbrados la mayoría de los restaurantes que realizan esta ensalada, se van a servir aquí absolutamente crudas, simplemente marinadas en su propia agua, limón y aceite de oliva. Para ello, sobre un recipiente de plástico se abren las almejas con la ayuda de un cuchillo, sacándolas enteras de la concha. Se reservan, poniéndolas en la nevera a marinar con una vinagreta, que se prepara con el agua filtrada de las almejas, el zumo de limón y el aceite.

El resto del plato es muy fácil, se hierve la pasta fresca y se mezcla en frío con la juliana fina de puerros, el tomate a dados, la oreja cortada en tiras ultrafinas y el cebollino picado.

Acabado y presentación

Acabar el plato aliñando la ensalada de pasta con el jugo de almejas y haciendo un volcán, alrededor del cual se disponen las almejas.

CONEJO CON CARACOLES

———

Ingredientes (para 4 personas)

360 g de lomos de conejo

Para el saballón: 1/4 de l de aceite de humo • 2 yemas

Para la salsa de vino: 100 ml de salsa de soja • 1 botella de vino tinto

Para el jugo del conejo: bresa de ajo • cabeza y huesos de conejo • 2 zanahorias • 1 cebolla • hierbas aromáticas • 100 ml de salsa de soja • 1 botella de vino tinto

Para las cebollitas rellenas: 20 cebollitas • 20 caracoles • 4 cebollas rojas confitadas • 100 ml de aceite • salsa de vino tinto (elaboración anterior)

Elaboración

Conejo: Limpiar los lomitos del conejo dejando la falda y enrollarla por la parte del interior. Bridar y racionar a 90 gramos por ración. Marcar a la plancha y terminar de asar en el horno. Una vez hecho, quitar la cuerda y cortarlo en tres medallones.

Saballón: Montar al calor las yemas e ir añadiéndole poco a poco el aceite de humo, sazonar y listo.

Salsa de vino tinto: Reducir a la mitad el vino tinto y añadirle la soja, reducir un poco más y ligar con harina o maicena, sazonar y colar.

Cebollitas rellenas: Asar enteras las cebollitas. Pelar la primera capa, vaciar el interior y rellenar con un caracol y confitura de cebolla. Dorar en una sartén con aceite y glasear con la salsa de vino tinto, de modo que las cebollitas queden bien rojas.

Jugo del conejo: Dorar las cabezas de conejo y los huesos en la cacerola.

Añadir la bresa de ajo, zanahoria, cebolla y hierbas aromáticas. Mojar con soja y reducir; después, mojar con vino tinto y volver a reducir. Cubrir con repaso de carne y dejar cocer 3 horas; colar por la estameña, reducir si es necesario y ligar con harina o maicena.

Acabado y presentación

En el plato sopero dibujar un círculo con el saballón de humo y en el interior del círculo salsear. Distribuir alternadamente en círculo tres trozos de conejo y tres de cebollitas rellenas glaseadas con vino. Repasar y salsear de nuevo, decorar cada cebollita con un perifollo y el conejo con sal Maldon.

EL COCO EN TEXTURAS CON GRANIZADO DE CAFÉ Y GELATINA DE MARACUYÁ

Ingredientes (para 3 personas)

Para la gelatina de la fruta de la pasión: 1 l de zumo de fruta de la pasión • 8 hojas de gelatina, ya remojadas
Para la espuma de coco: 1 l de leche de coco • 6 hojas de gelatina, ya remojadas
Para el granizado de café: 1/2 l de café
Para el agua de vainilla: 1/4 de l de agua • 1/4 de k de azúcar • 5 vainas de vainilla

Elaboración

Gelatina de la fruta de la pasión: Calentar un poco del zumo de la fruta de la pasión y añadir ocho hojas de gelatina, hasta que se disuelvan totalmente. Mezclar con el zumo restante y dejar enfriar en la nevera durante 12 horas.

Espuma de coco: Calentar un poco de la leche de coco y añadir seis hojas de gelatina, hasta que se disuelvan totalmente, agregar entonces la leche restante; rellenar un sifón de 1 litro, ponerle dos cargas de gas y dejarlo reposar en la nevera durante 3 horas.

Granizado de café: Coger el café, ponerlo en un recipiente de plástico y dejarlo en el congelador. Cuando esté congelado rallarlo con un rallador gordo y volverlo a meter en el congelador.

Agua de vainilla: Levantar el agua con azúcar y añadir la vainilla, a la que previamente se habrá quitado la semilla, abriendo por la mitad las vainas de vainilla con un cuchillo. Añadir las vainas al agua con el azúcar en caliente y pasar todo por un colador bien fino, apretando mucho las vainas de la vainilla.

Acabado y presentación

En la base de la copa poner la gelatina de la fruta de la pasión, encima el granizado de café, seguidamente la espuma de coco y, por último, acabar rociando con un chorrito de agua de vainilla.

Lo perfecto para la presentación de esta elaboración y broche final de la velada es presentar este postre en copa de cóctel.

Elena Arzak y Juan Mari Arzak

Restaurante Arzak

Avda. Alcalde José Elosegui, 273
20015 San Sebastián
Tlfo.: 94 327 84 65   Fax: 943 28 55 93

Carabineros con tostadas onduladas

Ingredientes (para 4 personas)

Para el mojo de mamia: 25 g de almendra frita • 10 g de pan frito • 1 diente de ajo cocido • 65 g de aceite de oliva de 0,4° • 10 g de vinagre de Módena • 25 g de cuajada de oveja • 1 cucharada de café de miel • 25 g de agua • sal • pimienta negra

Para los carabineros: 8 colas de carabineros • sal • pimienta negra

Para las tostadas onduladas: 1 cebolla • 1 diente de ajo • 1 puerro • 6 colas de carabineros • 1/2 l de caldo de verduras • 1/2 g de pimentón dulce • 25 g de coñac • 3 hebras de azafrán • media barra de pan • sal • pimienta negra

Para la vinagreta de algas: 10 g de alga dulce • 10 g de lechuga de mar • 10 g de judía de mar • 1 cucharada sopera de aceite de oliva 0,4° • 40 g de aceite de oliva virgen • 10 g de aceite de nuez • 12 g de vinagreta de jerez • 5 g de alcaparras en vinagre • 5 g de pepinillos en vinagre • 1 cebolleta • 1 chalota • 1 diente de ajo • sal • pimienta negra

Elaboración

Mojo de mamia: Triturar todos los ingredientes juntos. Sazonar.

Carabineros: Sazonar los carabineros. Untar con el mojo y saltearlos.

Tostadas onduladas: Rehogar en una cazuela la cebolla, el diente de ajo y el puerro, cortados en juliana. Añadir los carabineros y el pimentón. Flambear y mojar con el caldo. Incorporar el azafrán. Sacar los carabineros y reservar. Dejar cociendo durante 45 minutos a fuego medio. Triturar y colar. Sazonar. Dejar enfriar.

Es aconsejable congelar antes el pan en pedazos de 14 centímetros de largo, para poder cortarlo mejor. Hacer diez finas láminas de pan y cortarlas con una anchura de 5 centímetros.

Untar bien las láminas con el caldo y secarlas sobre una placa ondulada a 60 ºC. Reservar.

Vinagreta de algas: Picar finamente la cebolla, la chalota y el ajo, y rehogarlo con el aceite de oliva de 0,4º. Añadir fuera del fuego las algas picadas finas, al igual que las alcaparras y los pepinillos. Incorporar el resto de los ingredientes. Sazonar.

Acabado y presentación

Sobre la parte izquierda de un plato llano, salsear con una cucharada de café de la vinagreta. Colocar los carabineros en forma de cruz, previamente reuntados con el mojo. A los lados, pegar los panes a los carabineros, colocándolos de pie. A su lado, salsear con un poco de vinagreta de algas.

BONITO CON AJEDREA Y ESPINA MENTOLADA

Ingredientes (para 4 personas)

Para la ventresca: 400 g de ventresca de bonito • polvo de cacahuete • mojo (elaboración anterior)

Para el mojo de la ventresca: 25 g de cacahuetes tostados • 25 g de almendras tostadas • 50 g de aceite de oliva de 0,4° • 10 g de cebolla pochada • 10 g de pan frito • 3 hojas de menta • sal • jengibre en polvo

Para la base de cebolla y rosa canina: 2 cebollas • 1 puerro • 1/2 pimiento verde • 15 g de mermelada de rosa canina • sal • pimienta negra • jengibre en polvo • regaliz

Para la salsa de ajedrea y perlas: 2 puerros • 1 patata • 2 g de ajedrea • 75 g de zumo de naranja • 35 g de aceite de oliva virgen • 15 g de perlas de Japón • sal • azúcar • jengibre

Para la espina mentolada: 130 g de aceite de oliva de 0,4° • 1 gota de mentol • 4 espinas laterales de bonito

Otros: hojas de menta

Elaboración

Ventresca: Ahumar ligeramente la ventresca durante 4 minutos en la ahumadora. Una vez esté ahumada, hacerla a la plancha, solamente por el lado de la piel. Retirar la piel, untar el mojo y añadir el polvo de cacahuete; terminar en la salamandra. Reservar.

Mojo de ventresca: Triturar todos los ingredientes juntos y colar por un colador. Rectificar.

Base de cebolla y rosa canina: Cortar la verdura fina y rehogarla hasta que caramelice. Una vez caramelizada, añadir la mermelada y rectificar con sal, pimienta, jengibre en polvo y regaliz.

Salsa de ajedrea y perlas: Realizar un caldo de puerros con puerro, patata, sal y unas gotas de aceite de oliva.

Una vez tengamos el caldo, separar 100 gramos e infusionar en él

2 gramos de ajedrea. Colar. Añadir al caldo el zumo de naranja y triturarlo junto con el aceite de oliva.

Una vez esté la salsa totalmente homogénea, añadir las perlas de Japón y dejar cocer hasta que estén transparentes.

Rectificar con sal, azúcar y jengibre.

Espina mentolada: Mezclar 30 gramos de aceite de oliva con el mentol. Reservar.

Freír las espinas en el resto del aceite.

Una vez finalizado este proceso, pintar en el último momento las espinas con el preparado anterior.

Acabado y presentación

Sobre un plato llano salsear tres rayas paralelas. En la parte izquierda, sobre la base de cebolla y rosa canina, colocar la ventresca y, a su derecha, la espina mentolada. Decorar con una hoja de menta.

Tarta de manzana con tapenade de aceitunas

Ingredientes (para 4 personas)

Para el bizcocho de azúcar integral y mantequilla: 75 g de azúcar integral • 75 g de azúcar • 2,5 g de levadura en polvo • 25 g de nuez en polvo • 75 g de harina • 50 g de almendra en polvo • 200 g de claras • 150 g de mantequilla • 1 g de sal

Para el gratinado de aceitunas negras y manzanas: 2 manzanas de Regil • 35 g de aceitunas negras sin hueso • 10 g de aceite de oliva virgen • 15 g de azúcar

Para la salsa de queso con aceite de oliva virgen: 100 g de crema de queso • 10 g de azúcar • 25 g de aceite de oliva virgen

Otros: azúcar • polvo de corteza de naranja

Elaboración

Bizcocho de azúcar integral y mantequilla: Poner en un bol la harina, la levadura, la nuez, la almendra, los azúcares y la sal. Incorporar las claras y mezclar bien el conjunto. Una vez esté bien mezclado, añadir la mantequilla derretida (templada). Mezclar todo y dejar reposar 3 horas en el refrigerador.

Estirar la masa con un 1 centímetro de grosor sobre moldes rectangulares (de 4 x 7 centímetros). Hornear a 180 ºC durante 10 minutos.

Reservar.

Gratinado de aceitunas negras y manzanas: Pelar las manzanas y descorazonarlas. Cortar en dados pequeños las manzanas y las aceitunas (todos de la misma medida).

Mezclar en un bol los dados de manzana y aceituna e incorporar el azúcar. Emulsionar el conjunto con el aceite y con la ayuda de una cucharada del jugo de las aceitunas.

Colocar la mezcla en la superficie del bizcocho frío.

Salsa de queso con aceite de oliva virgen: Mezclar todo bien hasta conseguir que quede una crema homogénea.

Acabado y presentación

Espolvorear en la superficie de las manzanas y aceitunas un poco de azúcar y gratinarlo o calentarlo con el soplete, formando una fina capa caramelizada.

Sobre la parte derecha de un plato llano, colocar la tarta y, a su lado, la salsa. En la superficie de la salsa espolvorear una pizca de polvo de cáscara de naranja.

Fernando Bárcena Balbontín y Ainhoa Bárcena Gómez

Restaurante Aldebarán
Avda. de Elvas, s/n
06006 Urbanización Guadiana
Badajoz
Tlfos.: 92 427 42 61/92 427 68 37   Fax: 92 427 42 61

Ensalada de queso del Casar con aceite de hierbas

Ingredientes (para 4 personas)

5 hojitas de *lollo roso* • 5 hojitas de achicoria • 1/2 escarola • 1/2 torta del Casar con D.O. Extremadura • 100 ml de aceite • sal • tomillo • romero • ajo • perejil

Elaboración

Limpiar las lechugas (*lollo roso*, achicoria y escarola) y reservar en un bol. Agregar las hierbas picadas, añadirle sal al gusto y emulsionar. Quitar la corteza del queso, ponerlo en un recipiente, añadirle una cucharada de aceite de hierbas e introducirlo en el horno. Dejarlo durante 3 minutos a 170 °C.

Se puede preparar el aceite de hierbas 1 día antes, para que tenga más sabor.

Acabado y presentación

En un plato trinchero colocar un *bouquet* de lechugas y napar con el queso fundido.

VENADO FRITO CON PASTA VERDE Y OREJONES

Ingredientes (para 4 personas)

4 lomos de venado (200 g) • 100 g de almendras • 50 g de nueces • 1 diente de ajo • sal • pimienta

Para la pasta verde: 175 g de harina • 2 huevos • 5 g de perejil licuado • sal • 1 cucharada de aceite • orejones

Para la salsa agridulce: 100 g de azúcar • 1 guindilla • 100 ml de Oporto • 100 ml de vinagre de jerez • 200 ml de jugo de carne • sal • pimienta

Elaboración

Cortar los lomos de venado por la mitad aproximadamente y reservar. Meter en el robot las almendras, las nueces, el diente de ajo, la sal y la pimienta. Picarlo todo muy bien. A continuación, empanar los lomos y reservar.

Para elaborar la pasta, introducir todos los ingredientes en el robot hasta que se cree una masa homogénea. Dejar reposar unos minutos. Después, estirarla por una máquina y, por último, preparar los espaguetis. Reservar.

En un cazo poner a tostar el azúcar con la guindilla. Cuando empiece a coger color añadirle poco a poco el vinagre y dejar reducir. Después, se agregan el Oporto, el jugo de carne, la sal y la pimienta. Reducir, colar y reservar (si nos queda un poco líquido, ligar con mantequilla).

Acabado y presentación

Cocer la pasta, refrescarla y saltearla con los orejones. Freír el lomo de venado en abundante aceite. En un plato trinchero colocar un poquito de pasta y, encima, el lomo de venado; napar con la salsa.

Repápalos con jugo de cítricos

Ingredientes (para 4 personas)

1/2 l de leche • 3 yemas • 150 g de azúcar • 50 g de maicena • 100 g de romero picado • 1 vaso de zumo de naranja • 1 vaso de zumo de limón • 1 vaso de zumo de pomelo rosa dulce • 250 g de azúcar moreno • 5 hojas de gelatina • harina para rebozar • huevo para rebozar

Elaboración

En un cazo poner la leche con el romero picado para que se infusione. Separar las yemas y añadirles el azúcar y la maicena (con mucho cuidado de que no se formen grumos). Cuando la leche esté hirviendo se agrega poco a poco a la masa. Extender sobre una bandeja. Reservar.

Añadir al zumo de naranja un poco de azúcar. Agregar al zumo de limón azúcar y 2 hojas y 1/2 de gelatina, y lo mismo al de pomelo rosa.

Acabado y presentación

Formar pelotitas con la masa, rebozarlas en huevo y harina y freírlas. En un plato hondo colocar cuatro repápalos y cubrirlos con el zumo de naranja. Para terminar, distribuir cuadraditos de gelatina de pomelo y limón.

ENSALADA TIBIA DE TUÉTANOS DE VERDURA CON BOGAVANTE, CREMA DE LECHUGA DE CASERÍO
Y JUGO YODADO • PICHÓN ASADO CON PATATAS RELLENAS DE TUÉTANO, «RUCOLA» Y JUGO
GELATINIZADO DE TRUFA • SORBETE DE MANZANA CON LÁGRIMAS DE GUISANTE CRUDAS

Martín Berasategui

Restaurante Martín Berasategui
Loidi, 4
20160 Lasarte
Guipúzcoa
Tlfo.: 943 36 64 71   Fax: 943 36 61 07

ENSALADA TIBIA DE TUÉTANOS DE TUÉTANOS DE VERDURA CON BOGAVANTE, CREMA DE LECHUGA DE CASERÍO Y JUGO YODADO

Ingredientes (para 6 personas)

1 bogavante de 1.150 g, cocido, pelado y cortado en 12 medallones gruesos

Para la infusión de tomate: 3 k de tomates maduros • 30 g de sal fina • 40 g de azúcar • agar-agar

Para el espárrago: 6 puntas de espárrago triguero • sal • aceite de oliva

Para el tuétano de coliflor y brócoli: 2 o 3 troncos de coliflor y brócoli bien pelados • aceite de oliva • vinagre de sidra • sal

Para los corazones de tomate: 12 tomates medianos

Para el salteado de habas: 280 g de habas pequeñas • 100 g de cebolleta fresca • aceite de oliva virgen • sal

Para la crema de lechuga de caserío: 200 g de lechuga de caserío • 200 g de caldo • 150 g de cebolleta • 15 g de mantequilla

Para la salsa yodada: 2 chalotas • 200 g de vino blanco seco • 250 g de nata doble • 100 g de jugo de mejillón • 3 dientes de ajo • 1 rama de tomillo • 100 g de berberechos • 60 g de almejas • 6 ostras picadas • 6 *bulots/canaíllas*

Otros: 12 almendras frescas peladas • ½ aguacate, pelado y laminado con el pelador • sal • aceite de oliva • 1/2 cebolleta fresca pequeña, cortada finísimamente

Elaboración

Infusión de tomate: Limpiar los tomates, quitarles bien el corazón y partirlos en seis trozos. Añadir la sal y el azúcar y amasarlo bien con las manos hasta que quede como una sopa (5 minutos). Después, colar por una tela y un tamiz, poniendo un poco de peso encima para que haga presión y vaya pasando su jugo; dejar así al menos 12 horas en la cámara frigorífica. Una vez bien escurrido, obtendremos un líquido transparente, precioso jugo de tomate.

Usar 2 gramos de agar-agar por cada litro de infusión. Para mezclar el agar-agar, calentar el 10 % de la infusión y añadirlo. Debe hervir para poder mezclarse con el resto de la infusión, que estará a 35 ºC. Extender la gelatina en el plato (30 gramos por plato), dejando que gelatinice.

Espárrago salteado: Coger los espárragos, trocearlos en cuatro partes y, en una sartén caliente con un poco de sal y aceite, saltearlos vuelta y vuelta.

Tuétano de brócoli y coliflor: Coger los tuétanos, cuadrarlos bien y cortarlos en la máquina cortadora lo más finamente posible. Meterlos en agua helada con hielos, para que queden más crujientes. Aliñarlos con una vinagreta de aceite de oliva, vinagre de sidra y sal (tres partes de aceite por una de vinagre).

Corazones de tomate: Cortar la base y la parte de arriba del tomate, e intentar quitar la carne del tomate sin tocar el corazón, para después retirarlo (el corazón son las pepitas con su carne correspondiente). El tomate tiene que estar maduro y, a poder ser, aromático. Guardar al menos doce corazones gelatinosos de tomate.

Salteado de habas: Picar la cebolleta finamente y ponerla a pochar suavemente. Cuando esté pochada añadir las habas y, fuera del fuego, darle un par de vueltas, rectificar la sal y escurrir de aceite rápidamente.

Crema de lechuga de caserío: Cortar en juliana la cebolleta y rehogarla en mantequilla hasta que sude. Mojar con el caldo y dejar que hierva 15 minutos a fuego lento. Mezclar la lechuga de caserío, blanqueada y fría, con el caldo y la cebolleta. Triturar en la batidora y colar por un colador fino. Enfriar en la cámara.

Salsa yodada: Pochar la chalota y el ajo picado, desglasar con el vino y el jugo de mejillón, reducir a la mitad, añadirle la nata doble y cocer durante 10 minutos. Agregar los moluscos en frío y remover el cazo como si estuviésemos haciendo bacalao al pil-pil, para que todo el conjunto ligue. Colar el jugo y reservarlo, puesto a punto de sal.

Cocción previa de los bulots: En primer lugar, es muy importante limpiarlos bien. Se hace sobre seis aguas frías con bastante sal y, entre agua y agua, tienen que estar 5 minutos. Con ello se eliminan toda la mucosidad y arena.

Una vez bien limpios, cocerlos en agua con sal por espacio de 30 minutos y dejarlos enfriar en su misma agua, para evitar que se sequen. Escurrirlos y utilizarlos para hacer la salsa yodada.

Otros: Cortar el aguacate en cuartos y con un pelador obtener tres láminas, que se ponen en el plato dándoles una forma rizada. Aliñar con sal y aceite de oliva justo en el momento de servir la ensalada. Para la cebolleta, una vez laminada se introduce en un baño de agua con hielo. Escurrir bien sobre un trapo y poner dos láminas en cada ensalada. Aliñar con sal y aceite.

Acabado y presentación

Introducir el plato quatrum, en el que anteriormente se extiende el jugo de tomate gelatinizado, en el horno, para que la gelatina se temple y adquiera calor. Encima se colocan los demás ingredientes de la siguiente forma: en dos extremos irán dos medallones de bogavante cocido, en el extremo opuesto dos corazones de tomate, previamente aliñados con aceite de oliva, y en el centro una pizca de puré de lechuga, sobre el que se distribuyen los espárragos salteados y las almendras.

Poner los tuétanos aliñados en el centro, bien altos, depositando alrededor las habas salteadas y el jugo yodado. Colocar también el aguacate y la cebolleta. Esta operación hay que desarrollarla a gran velocidad, para que el tomate gelatinizado llegue a la mesa templado.

Pichón asado con patatas rellenas de tuétano, «rucola» y jugo gelatinizado de trufa

---

Ingredientes (para 4 personas)

Para el pichón: 4 pichones de 500 g cada uno, limpios (o 4 pechugas) • sal • 200 ml de aceite de oliva • 4 bolsas de cocción al vacío • 4 cacillos de jugo del pichón

Para la patata rellena de tuétano: 12 patatas • 125 g de tuétano • 1 l de caldo de ave • una pizca de aceite de *tartufo* (trufa) • perejil picado

Para la crema de rucola: 200 g de *rucola* • 200 g de caldo • 150 g de cebolleta • 15 g de mantequilla

Para el jugo de rucola: jugo de pichón • crema de *rucola* (elaboración anterior) • mantequilla

Para el jugo gelatinizado de trufa: jugo de trufa negra • agar-agar

Para las migas de pan frito: pan biológico • mantequilla • sal

Para la tosta de interiores: 500 g de hígado de pichón • 200 g de chalota • 2 dientes de ajo • 70 g de Armagnac • 425 g de *foie gras mi-cuit* • sal • 4 tostadas finas y alargadas de pan, para untar la crema • aceite de oliva

Otros: 4 puñados pequeños de germinados frescos: alfalfa, soja o lenteja

Elaboración

Pichón (o pechugas de pichón): Marcar los pichones en la sartén con aceite de oliva, dándoles un bonito color. Sacar y sazonar con sal fina. Enfriarlos a temperatura ambiente e introducirlos en una bolsa de vacío junto con un cacillo de jugo del pichón, cerrar en la máquina de vacío en el programa número 8 y cocer en el horno a vapor a 65 °C durante 6 minutos.

Seguidamente, introducir las bolsas en agua con hielo para cortar la cocción. Si sólo se cuecen las pechugas, el tiempo será de 10 minutos a 75 °C.

Patata rellena de tuétano: Poner el tuétano a desangrar en agua con hielo para que quede bien blanco. Seguidamente, cocer las patatas en el caldo de ave y, cuando queden 10 minutos para finalizar su cocción, introducir el tuétano en el caldo y terminar la cocción.

Dejar enfriar y vaciar nueve patatas hasta las tres cuartas partes. Triturar la pulpa que hemos obtenido y tres patatas sin vaciar junto con el tuétano y un poco de caldo de la cocción y pasarlo por un colador fino. Dar el punto de sal. Añadir este relleno a las patatas y cubrir tres cuartas partes con el caldo de cocción. Calentar en el horno 2 minutos con el caldo, de tal forma que las patatas queden calientes. Al sacarlo del horno añadir un pellizco de sal y unas gotas de aceite de *tartufo,* y espolvorear con perejil. El relleno se realiza siempre a última hora y ha de quedar untuoso, por lo que tendremos que ser cuidadosos con la cantidad de caldo que le incorporamos.

Crema de *rucola*: Cortar la cebolleta en juliana y rehogarla en mantequilla hasta que sude. Mojar con el caldo y hervir durante 15 minutos a fuego lento. A continuación, mezclar la *rucola*, blanqueada y fría, con el caldo y la cebolleta. Triturar en la batidora y colar por un colador fino.

Acabado del jugo de *rucola*: Reducir el jugo de pichón casi hasta hacer una *demi-glacé.* Añadir la crema de *rucola*, dejar que hierva y agregar en el último momento una pizca de mantequilla en daditos.

Jugo gelatinizado de trufa: Añadir 2 gramos de agar-agar por litro de jugo de trufa y proceder de la siguiente manera: hervir el 10% del jugo con los 2 gramos de gelatina. Mezclar con el 90% restante, que estará a 40 °C, remover y dejar listo para incorporar. Darle forma en pequeños moldes de 10 centímetros de diámetro y 2 milímetros de altura.

Migas de pan frito: Quitarle la corteza al pan que sobra del día anterior y cortarlo en pedazos, no importa que sean toscos. Ponerlos a secar en una bandeja en el horno a 120 °C, hasta que estén bien crujientes pero sin que adquieran color. Sacar del horno y pasarlos por un tamiz que tenga la malla algo gruesa, para que el resultado no sea una miga muy fina.

En una sartén poner abundante mantequilla a calentar y, cuando se haya derretido y comience a hervir, echar un puñado de miga de pan tamizada. Remover sin parar hasta que adquiera un bonito color dorado y entonces echar en un colador para quitar el exceso de grasa. A continuación, secar en papel absorbente para que empape bien, agregar unos granos de sal y listo.

Tosta de interiores: Poner una sartén al fuego y, cuando esté bien caliente, añadir un poco de aceite de oliva y saltear ahí los hígados de pichón.

Hay que tener mucho cuidado para que los hígados no tengan nada de hiel, ya que pueden quedar muy amargos. Echar a continuación la chalota picadita y el ajo igualmente picado.

Al cabo de un par de minutos, agregamos el Armagnac y flambeamos. Añadir un poco de sal. Colocar en una bandeja y enfriar en la cámara. Cuando esté frío triturarlo en una batidora de vaso con el *foie gras mi-cuit* y pasarlo seguidamente por un colador fino. Poner a punto de sal y guardar en la cámara.

Utilizar esta *mousse* para untar las cuatro tostadas de pan que acompañan al pichón.

Acabado y presentación

Asar unos pocos segundos las pechugas, por el lado de la piel, de forma que queden bien tostadas. Hay que tener cuidado con el punto, puesto que ya han sido cocinadas previamente al vacío. Apoyar sobre ellas las tostadas de pan untadas.

Ponerlas en unos platos calientes, acomodándolas junto a las patatas calientes y el jugo gelatinizado de trufa, que habremos desmoldado en un costado. Hemos de darnos prisa, puesto que esta gelatina es muy delicada. Sobre ella, esparcir los germinados y, para finalizar, en un lado trazar con el jugo de *rucola* y espolvorear la miga de pan tostada.

SORBETE DE MANZANA CON LÁGRIMAS DE GUISANTE CRUDAS

Ingredientes (para 4 personas)

Para las lágrimas de guisante: 280 g de guisantes pequeños • 100 g de cebolleta fresca • aceite de oliva virgen • sal • azúcar

Para el sorbete de manzana verde: 1.250 g de zumo de manzana verde (descorazonada y sin pelar) • 475 g de azúcar • 50 g de dextrosa • 590 g de agua • 125 g de glucosa atomizada • 4 láminas de gelatina, previamente remojadas en agua fría • el zumo colado de 1 limón amarillo

Elaboración

Lágrimas de guisante: Picar la cebolleta finamente, ponerla a pochar a fuego lento y enfriar. Añadir los guisantes. Agregar sal y azúcar. Reservar.

Sorbete de manzana verde: Mezclar el azúcar, la dextrosa, el agua, la glucosa y el zumo colado de limón, templar la mezcla y añadirle la gelatina, remover bien y agregar el zumo de manzana. Colar y verter en la Paco Jet. Es muy importante que los vasos de la Paco Jet que contienen la infusión de sorbete estén siempre tapados, para evitar la cristalización. No turbinar el helado hasta que la infusión esté completamente congelada.

Acabado y presentación

Mezclar las lágrimas de guisante con el helado cremoso y servirlo rápidamente.

Sardina marinada con gazpacho blanco, «gelée» de judías y crema fina de sidra
Ensalada de láminas de bacalao con sus callos estofados con chorizo
Los cítricos: sopa gelatinosa de pomelo, espuma de naranja y helado de limón

José Antonio Campo Viejo

Restaurante El Corral del Indiano
Europa, 14
33540 Parrés
Asturias
Tlfo.: 98 584 10 72   Fax: 98 584 10 72

Sardina marinada con gazpacho blanco, «gelée» de judías y crema fina de sidra

---

Ingredientes (para 4 personas)

Para las sardinas marinadas: 4 sardinas hermosas • vinagre de jerez • agua • hielo • pimienta rosa • guindilla • 3 dientes de ajo, machacados sin pelar • 1 copa de manzanilla • 1 ramillete de perejil • aceite de oliva de 0,4°

Para el gazpacho blanco: 1/2 k de tomates • pimiento rojo • ajo • 1 manzana muy verde • perejil • pepino • calabacín • 1/2 hoja de gelatina • 1 clara de huevo

Para la gelée de judías verdes: 100 g de judías verdes, blanqueadas y licuadas • 1/2 hoja de gelatina

Para la crema fina de sidra: 250 g de sidra • 125 g de jarabe al 50% de azúcar • 25 g de mango, cortado en cubos de 1 mm • hierbaluisa en polvo • unas gotas de aceite • unas gotas de vinagre

Elaboración

Marinar a 30 °C la sardina con todos los ingredientes. Secar con papel de cocina y cubrir con aceite de oliva de 0,4°. Reservar.

Montar el gazpacho en la turmix y colar por un trapo muy fino. Gelatinizar el caldo, que ha de quedar transparente, y añadir una clara de huevo. Introducir en un sifón. Gelatinizar las judías.

Para la crema de sidra, montar todos los ingredientes en frío y turbinar en la heladora. Añadir la hierbaluisa al mango y añadir unas gotas de aceite y unas gotas de vinagre.

Ensalada de láminas de bacalao con sus callos estofados con chorizo

---

Ingredientes (para 4 personas)

Para las láminas de bacalao: 1 lomo alto de bacalao • caldo de verduras

Para los callos de bacalao estofados con chorizo: tripas de bacalao desaladas (al gusto) • 1 l de caldo corto de verduras • 1 chalota • 1 pimiento choricero • 1 chorizo ligeramente ahumado • perejil • 1 guindilla • 1 diente de ajo • jugo de cerdo (al gusto)

Para el puré de calabazas: 1 calabaza dulce • un chorro de aceite • una nuez de mantequilla • sal • pimienta

Para la ensalada de dientes de león: 25 g de ensalada de dientes de león • aceite de avellana • vinagre de sidra

Otros: salteado de rebozuelos

Elaboración

Callos estofados con chorizo: Pochar la chalota y la carne del pimiento choricero con el perejil y el ajo. Rehogar en esta pochada las tripas del bacalao, previamente cocidas en el caldo de verduras 3 minutos. Añadir el jugo de cerdo, el chorizo y la guindilla y cocer a fuego lento unos 15 minutos. Extraer el chorizo y elaborar una salsa con la ayuda de 1/3 del caldo de cocción.

Depositar en un molde alargado y reservar hasta que se haya solidificado, a fin de poder cortarlo en cubos de 1 centímetro cuadrado. Con la ayuda del cortafiambres hacer láminas finas con el bacalao confitado y formar paquetes con los cubos de los callos.

Láminas de bacalao: Escaldar el lomo alto del bacalao en el resto del caldo de verduras, a fin de sacar unas láminas lo más translúcidas posibles.

Puré de calabaza: Asar en el horno, envuelta en papel de aluminio, una calabaza dulce, salpimentada, con un chorro de aceite y una nuez de mantequilla, durante 1 hora a 150 °C.

Pelar y triturar con la turmix. Rectificar de sabor.

Acabado y presentación

Acabar el plato con un salteado de rebozuelos y la ensalada de dientes de león, aliñada con aceite de avellana y unas gotas ligeras de vinagre de sidra.

Finalmente, depositar cuatro gotas de crema de chorizo sobre cada ravioli de bacalao.

LOS CÍTRICOS: SOPA GELATINOSA DE POMELO, ESPUMA DE NARANJA Y HELADO DE LIMÓN

Ingredientes (para 4 personas)

Para el pomelo: 200 g de zumo de pomelo • 1 hoja de gelatina

Para la espuma: 450 g de zumo de naranja • 2 hojas de gelatina

Para la salsa de naranja: 2 naranjas en zumo • la juliana de la piel • jarabe de agua y azúcar (al gusto)

Para el helado de limón: 1/4 de l de zumo de limón recién exprimido • 250 g de azúcar • 1/2 l de agua • 2 claras de huevo • tomillo limonero • hierbaluisa finamente picada

Elaboración

Pomelo: Gelatinizar el zumo de pomelo con la ayuda de una hoja de gelatina.

Espuma: Preparar una gelatina con el zumo de naranja, introducir en el sifón y montar con dos cargas de gas.

Salsa de naranja: Infusionar el zumo, el jarabe (elaborado previamente con agua y azúcar) y la piel de la naranja en juliana, blanqueada en dos aguas hasta que nos quede una textura densa y un sabor ligeramente amargo.

Helado de limón: Con el azúcar y el agua montar un jarabe. Enfriar. Unir con el zumo de limón y turbinar en la heladora. Cuando está a medio montar, añadir la clara de huevo y las hierbas.

José Ramón Caso

Restaurante Altair
Avda. José Fernández López, s/n
06800 Mérida
Tlfo.: 924 30 45 12   Fax: 924 30 45 12

HUEVO ESCALFADO CON ESPÁRRAGO BLANCO Y CEBOLLETA

Ingredientes (para 4 personas)
4 huevos • 8 espárragos frescos • 2 cebolletas • selección de hojas de ensalada • aceite de oliva • vinagre • cebollino

Elaboración
Escalfar los huevos en agua, sal y un chorrito de vinagre.
Blanquear la cebolleta (en agua con sal), triturar y emulsionar con aceite de oliva.
Pelar y asar los espárragos en papillote.

Acabado y presentación
Cruzar los espárragos sobre la selección de hojas de ensalada, colocar el huevo escalfado y cubrir con la mahonesa de cebolletas.
Espolvorear con cebollino y unas gotitas de aceite de oliva.

Lomo de ciervo curado con queso de cabra y vinagreta de avellanas caramelizadas

---

Ingredientes (para 4 personas)

Para el lomo de ciervo: 500 g de lomo de ciervo • 500 g de sal gruesa • 250 g de azúcar • 20 g de sal ahumada • aceite de oliva • tomillo • eneldo • pimienta

Para la vinagreta de avellanas caramelizadas: 50 g de azúcar • 100 g de avellanas • salsa de soja al gusto • un chorrito de aceite de oliva de 0,4°

Otros: 250 g de queso de cabra • 1 manojo de espárragos trigueros • 250 g de escarola • 2 tomates maduros • tostas de pan • aceite de oliva de 0,4°

Elaboración

Lomo de ciervo: Dejamos el lomo de ciervo limpio en salmuera (sal gruesa, azúcar y sal ahumada) durante 6 horas.

Transcurrido este tiempo, limpiar el lomo de sal y macerar unos minutos en aceite de oliva con tomillo. Envolver el lomo en papel *film* y dejar en frío 24 horas.

Vinagreta de avellanas caramelizadas: Preparar un caramelo con 50 gramos de azúcar. Cuando adquiera un color dorado, echar las avellanas sin dejar de mover; retirar del fuego.

Diluir con salsa de soja y añadir un chorrito de aceite de oliva.

Acabado y presentación

Preparar unas tostas de pan y colocar sobre estas las escarolas, lavadas en abundante agua y escurridas. Encima, poner los trigueros, previamente salteados en aceite de oliva, seleccionando las yemas. Añadir unos daditos de tomate pelado.

Alternar lonchitas de lomo con queso de cabra.

Terminar la tosta con la vinagreta de avellanas caramelizadas. Salpimentar.

Bizcocho de higos con sopa de chocolate

Ingredientes (para 4 personas)

Para el bizcocho: 4 yemas • 2 claras a punto de nieve • 100 g de aceite de oliva de 0,4º • 200 g de azúcar moreno • 50 g de queso cremoso • un chorrito de nata • 100 g de higos pasos • 250 g de harina • 10 g de levadura • 1/4 de l de mosto de uvas

Para la sopa de chocolate: 100 g de chocolate (70% de cacao) • licor de higos • mosto de uvas

Otros: 50 g de queso cremoso • 100 g de higos frescos • 50 g de nata

Elaboración

Bizcocho: Emulsionar y montar las yemas con el aceite, mezclar con los higos pasos macerados en mosto, las claras y el azúcar.

Diluir el queso con un chorrito de nata e incorporar lentamente junto con la harina y la levadura.

Cocer en el horno, previamente calentado (180 °C aproximadamente), en moldes durante 20 o 30 minutos.

Sopa de chocolate: Derretir el chocolate con un chorrito de mosto de uvas y unas gotitas de licor de higos. Reservar.

Acabado y presentación

Montar la nata con el queso fresco.

Desmoldar los bizcochos y colocarlos sobre la sopa de chocolate, con una cucharada de la crema de queso y unos higos frescos abiertos sobre los bizcochos.

Enrique Dacosta

Restaurante El Poblet
Marines, km 3
03700 Denia
Alicante

COCA DE PARMESANO CON CENTRO DE ATÚN ROJO A LAS BRASAS CON LÁMINAS DE «TOYINA» DE SORRA Y BERROS PICANTES

Ingredientes (para 4 personas)

Para la coca: 3 hojas de fillo • la piel de 1 limón • ralladura de parmesano • escamas de sal

Para la *toyina* de Sorra: 1 *toyina* • agua

Para la crema de parmesano: 1/2 l de leche • 250 g de parmesano rallado • sal

Para el atún: 40 g de atún de centro por persona • aceite • sal

Para los berros • berros salvajes • sal Glas • aceite de oliva Arlequín • *aceto balsamico* de 15 años

Elaboración

Coca: Entre capa y capa de fillo, rallar parmesano, limón y sal. Presionar y cortar rectángulos de 3 x 10 centímetros, que se hornean entre *silpats* a 120 °C durante 30 minutos. Sacarlos dorados y crocantes.

Toyina de Sorra: La *toyina* es un salazón bastante surtido de sal. A los más puristas les gusta tal cual, y así se deja cuando va a ir sobre pan y aceite. Sin embargo, no tiene nada que ver con el plato que aquí estamos preparando, en el que la función de la *toyina* es ir dando el punto de sal, justo en boca, al taco de atún a la brasa que, al ser grueso, no filtra la sal. Después de 12 horas de agua fría, cambiada tres veces, se cortan finas láminas en la máquina de cortar fiambres, que al pase dejaremos caer sobre el taco como si de un pañuelo se tratase.

Crema de parmesano: Introducir los ingredientes en la thermomix a 65 °C a mínima potencia. Conservar en bandejas de pastelería hasta el pase. En ese momento, se ponen en un cordón debajo de la fillo.

Atún: En una brasa de enebro fuerte pasar por el grill el atún, que previamente tenemos atemperado. Justo después de pasar por la brasa, colocar sobre la coca y distribuir encima del atún las láminas de *toyina* de Sorra, adornando con una lámina de dátil fresco.

Berros: Seleccionar los berros y aliñarlos al gusto con la sal, el aceite y el *aceto balsamico*.

«FIDEUÁ» CALDOSA NEGRA DE TOTENA CON CHICHARRONES DE CHOPITOS

Ingredientes (para 4 personas)

Para 2 l de caldo base: 200 g de galera • 200 g de cangrejo • 2 cabezas de bogavante • 200 g de alitas de pollo • 300 g de espinas de anguila y mero • 1 ñora • 1 diente de ajo • 1 cebolla • 1 puerro • 1/4 de napicol • 100 g de aletas de totena • 3 g de pimentón de la Vera agridulce • 3 g de perejil • 20 g de aceite oliva • 2 tomates maduros • 5 l de agua • sal

Para los fideos: 50 g de fideos finísimos • 20 g de cebolla • 1/8 de ajo • 3 ml de aceite de oliva • cebollino • tinta de totena • patas de totena picadas • 200 ml de caldo base

Para el caldo trabado: 1/2 l de caldo base (elaboración anterior) • 75 g de arroz Senia con D.O. de Valencia

Para los chicharrones: 8 o 10 chopitos • sal • perejil picado • harina de freír • aceite de oliva suave

Para las láminas de totena: 3 k de totena • sal • aceite

Otros: cebollino picado • flores de ajo oso

Elaboración

Caldo base del arroz: Pochar todas las verduras con sumo cuidado y añadir el pimentón y la ñora, que habrá estado en remojo al menos 12 horas. A continuación, agregar los cangrejos, las cabezas de bogavante y galeras, y las espinas, que anteriormente habremos dorado. Cubrir con 5 l de agua y cocer suavemente durante 2 horas, sin parar de espumar. Colar y rectificar de sal. Al final quedarán unos 2 l de caldo.

Fideos: Pochar las verduras, añadir los fideos y la tinta y bajar durante 8 minutos a fuego vivo. Dejar reposar en el recipiente, que debe ser una Farisien, que permite que durante toda la cocción el fideo entre en contacto con el caldo y no se seque.

Caldo trabado: Cocer por espacio de 20 minutos el caldo con el arroz. Colar. El caldo quedará un poco espesito, gracias a la capacidad de este genial arroz tanto para trabar como para absorber sabor. Para mí es el grano de arroz perfecto, en seco, meloso, cremoso o caldoso, un arroz estupendo. Servir en la mesa caliente.

Chicharrones: Limpiar los chopitos, salar justo al pase y espolvorear perejil. Pasar por la harina, intentando que cojan lo menos posible, y, seguidamente, echar en el aceite, que ha de estar a 180 °C, dejar durante 3 minutos y sacar a papel absorbente. Colocar en el plato sobre los fideos, para que no se ablanden al añadir el caldo.

Láminas de totena: Limpiar la totena, extenderla abierta y guardar en la cámara a –20 °C. Pasado este tiempo y con el producto congelado, hacer láminas finas con la máquina de cortar fiambres, cortando en contra del nervio para que al calentarlas 15 segundos al horno, a punto de sal y pintadas de aceite, no se encojan. Al pase irán rodeando los fideos.

CIGALA ATEMPERADA CON FLORES, ESPONJA DE VAINILLA Y CALDO DE SUS CABEZAS

Ingredientes (para 4 personas)

Para la esponja de vainilla: 1 l de leche • 4 vainas de vainilla • 5 hojas y 1/2 de gelatina • 80 mg de azúcar

Para el caldo de cigalas: 10 cabezas de cigalas • 1 cebolla • 1 bulbo de hinojo • 1/4 de puerros • 20 ml de jerez • 1 cucharada de tapioca • aceite • sal • 1 champiñón • 1 cabeza de bogavante

Para el aceite de cigalas: 5 cabezas de cigalas • 20 bayas de enebro • 1 diente de ajo • 1 l de aceite de girasol • 1/4 de hinojo

Elaboración

Esponja de vainilla: Infusionar la vainilla en la leche, una vez diluidas en ella la gelatina y el azúcar. Dejar reposar 12 horas a 5 °C y emulsionar en el Kenwork. Colocar sobre placas y blanquear.

Caldo de cigalas: Pochar todas las verduras. A continuación, evaporar el jerez y mojar con los 2 litros de agua. Las cabezas las habremos pasado por el grill bien a la plancha.

Añadir la tapioca cuando el caldo esté hirviendo y cuando se haya reducido a 1 litro, colar y rectificar de sal.

Aceite de cigalas: confitar a 80 °C durante 40 minutos. Reposar y colar. Reservar en un dosificador.

Acabado y presentación

Atemperamos la cigala hasta que el interior de la misma alcance los 38 °C y la colocamos en el centro de un plato cuenco, a su lado la *nube* de vainilla, en forma rectangular, de la misma dimensión que la cigala. Las hojas de las flores y vegetales, sobre la cigala, y en la mesa añadimos el caldo de las cigalas. La *nube* fría se irá deshaciendo con el calor del caldo y aromatizará cada bocado.

Javier Díaz Zalduendo

Restaurante Alhambra
Bergamín, 7
31003 Pamplona
Tlfos.: 948 24 50 07/948 24 29 19   Fax: 948 24 09 19

ESPÁRRAGOS BLANCOS LAMINADOS
CON NUECES CONFITADAS Y TRUFA NEGRA

Ingredientes (para 4 personas)

10 espárragos blancos gruesos • 100 ml de aceite de oliva • 50 g de mantequilla • 4 nueces peladas • una pizca de azúcar • 2 láminas de trufa negra • sal • pimienta • un chorrito de Oporto

Elaboración

Pelar los espárragos y cortarlos en láminas muy finas. En una *sauté* freírlos lentamente con el aceite y un poco de mantequilla por espacio de 20 minutos aproximadamente. Escurrirlos por un colador y reservarlos. Aparte, confitar las nueces picadas con el azúcar y la mantequilla durante unos 4 o 5 minutos a fuego medio. Saltear las láminas de trufa con un chorrito de Oporto, una nuez de mantequilla y salpimentar.

Acabado y presentación

Emplatar poniendo los espárragos laminados en un montoncito en el centro del plato. Alrededor, distribuir las nueces confitadas y, encima de los espárragos, colocar las láminas de trufa negra.

FILETES DE SALMONETES CON ESCAMAS DE PATATA CRUJIENTES Y ACEITE DE CHIPIRÓN

i

Ingredientes (para 4 personas)

1 k de filetes de salmonetes sin espinas • 4 patatas pequeñas • 4 chipirones frescos • 2 cebolletas confitadas • 4 ramilletes de perifollo

Para el aceite de chipirón: 2 cebollas • 2 dientes de ajo • 6 pimientos verdes • 1/2 l de caldo de pescado • 1 chorrito de vino blanco • tinta de chipirón • 1 manzana • aceite de oliva virgen • costrones de pan frito

Elaboración

Aceite de chipirón: Pochar la cebolla con el ajo, los pimientos y la manzana en una *sauté* o cazuela. Una vez rehogados, añadir un chorrito de vino blanco, el caldo de pescado y la tinta de chipirón. Dejar cocer durante 1 hora aproximadamente, agregar los costrones de pan frito, triturar y colar por un chino fino. Mezclar con el aceite virgen y reservar. Con la ayuda de un pelador, sacar unas escamas de patata y colocar encima de los filetes de salmonetes, previamente desespinados. Salpimentar y poner en el gratinador durante 5 minutos, hasta que la patata quede crujiente. Aparte, cocinar el chipirón fresco a la plancha y presentar.

Acabado y presentación

Poner los filetes de salmonetes en el centro del plato, a un lado el chipirón fresco y, en la parte superior, el aceite de chipirón. Decorar con un ramillete de perifollo, cebollino picado y un *bouquet* de cebolleta, previamente confitada.

FRESAS ESPECIADAS, HELADO DE CUAJADA Y PIPAS DE CALABAZA GARRAPIÑADAS

Ingredientes (para 4 personas)

Para las fresas especiadas: 1 k de fresas • 200 g de azúcar • un chorrito de vinagre de Módena • un chorrito de Cointreau • una pizca de pimienta blanca • una pizca de pimienta negra • una pizca de anisete • una pizca de canela molida • una pizca de nuez moscada • una pizca de tomillo • una pizca de menta

Para el helado de cuajada: 1 l de leche de oveja • 100 g de nata líquida • 250 g de azúcar • 2 colas de gelatina.

Para las pipas de calabaza garrapiñadas: 100 g de pipas de calabaza • 100 g de azúcar • 100 g de agua

Otros: un poquito de cacao • una pizca de menta picada

Elaboración

Fresas especiadas: Lavar las fresas y cortarlas en cuartos. Añadir todos los demás ingredientes y dejar macerar en la cámara.

Helado de cuajada: Mezclar la leche, la nata, el azúcar y la gelatina, infusionar y dejar enfriar. Turbinar en la heladora.

Pipas de calabaza garrapiñadas: Poner las pipas, el azúcar y el agua en una *sauté* a fuego suave. Con la ayuda de una espátula, remover hasta que se caramelice. Cuando esté a punto, en una mesa fría estirar las pipas y separarlas bien. Dejarlas enfriar para que queden sueltas.

Acabado y presentación

Poner las fresas especiadas en el fondo del plato, colocar encima el helado de cuajada y las pipas de calabaza garrapiñadas alrededor. Espolvorear con un poquito de cacao y una pizca de menta picada.

Aitor Elizegui

Restaurante Gaminiz
Parque Tecnológico, 212
48170 Zamudio
Vizcaya
Tlfo.: 944 31 70 25
www.gaminiz.salseando21.com   gaminiz@euskalnet.net

ESPÁRRAGOS CON MENTA, PARMESANO Y SALAZÓN DE ANCHOAS

Ingredientes (para 4 personas)

12 espárragos trigueros • 100 ml de aceite de oliva • 40 g de parmesano • 20 g de almendra tierna • 8 lomos de anchoa en salazón

Jugo de anchoas: puntas de anchoa • 50 ml de soja líquida • 10 ml de vinagre de Módena • 2 g de sal Maldon

Para la gelatina de menta: 40 g de menta fresca • 100 ml de agua mineral • 1 cola de gelatina

Para el polvo de naranja: 50 g de piel de naranja • 5 g de sésamo negro

Elaboración

Secar la piel de naranja a 90 °C durante 3 horas y moler junto con el sésamo negro.

Pelar los espárragos, guardando las pieles y las puntas. Escaldar las puntas, las yemas y los centros, por separado, 10 segundos. Licuar las pieles y emulsionar con el aceite de oliva.

Escaldar la menta y licuarla, para obtener unos 200 mililitros de jugo. Ligar con la cola de gelatina y distribuir en una lámina de 2 milímetros de grosor.

Limpiar las anchoas cortando los centros en dados de 1 x 1 milímetros y guardar las puntas para el jugo de anchoas.

Para el jugo de anchoas, batir el vinagre, la soja, la sal y las puntas de anchoa. Colar.

Acabado y presentación

Untar unos espárragos con el jugo de anchoas, colocar cuatro barras de 3 centímetros de largo en paralelo. Aliñar con los dados de anchoa y una juliana de gelatina de menta. Rallar sobre los espárragos una *nube* de almendra y parmesano.

Acompañar en paralelo con una línea de polvo de naranja y sésamo.

PERFECTO DE BACALAO CON «CAPUCCINA» DE ERIZOS Y «NODDLES»

_____

Ingredientes (para 4 personas)

400 g de cogote de bacalao desalado

Para la capuccina de erizos: 50 g de carne de erizos • 500 ml de caldo de pollo de caserío • 500 ml de leche de almendra

Para los *noddles* de oreja: 200 g de oreja de cerdo ibérico • 1 cebolleta • 1 zanahoria • pimienta negra • 50 g de tripas de bacalao

Otros: 40 g de brotes de acelga roja • 20 g de perrechicos • 20 g de espárragos trigueros • aceite de oliva • vinagre de Módena

Elaboración

Elegir cuatro cogotes de bacalao de unos 100 gramos y 4 centímetros de diámetro y de grosor. Con la ayuda del cuchillo seccionar la ventresca y la línea transversal de láminas pequeñas, de modo que nos quedemos con los tacos centrales (sólo con la zona de láminas grandes).

Cocer la oreja de cerdo con la cebolleta, la zanahoria y la pimienta 40 minutos en olla a presión; cocer las tripas en esta agua los últimos 20 minutos. Retirar la carne de las orejas (piel y gelatina), procurando obtener el cartílago completo. Igualar el cartílago para obtener un rectángulo lo más grande posible, cortar en *noddles* y reservar. Picar el resto del cartílago en dados de 2 x 2 milímetros, junto con las tripas y la carne de oreja (reservar unos 20 dados de carne de oreja).

Emulsionar los erizos de mar con la leche de almendra y el caldo en la batidora y colar por el fino. Colocar en tetera de acero.

Hacer unos torreznos con los dados reservados de oreja, aliñar con aceite de oliva y unas gotas de vinagre de Módena los *noddles* de cartílago y brotes de acelga roja.

Templar el taco de bacalao en el caldo de cocción de las tripas y oreja a 42 °C durante 15 minutos.

Espumar en vaporizador de cafetera la crema de erizos, obteniendo de este modo una espuma natural.

Acabado y presentación

Colocar el taco de bacalao en vertical sobre una cucharada de tacos de tripas y oreja. Rodear con una cucharada de espuma de erizos y aliñar con los *noddles* de oreja, los brotes de acelga roja, los torreznos de oreja y unos dados crudos de 1 x 1 milímetros de perrechicos y trigueros.

SOPA HELADA DE MANZANA VERDE

Ingredientes (para 4 personas)

Para el sorbete: 4 l de zumo de manzana Gran Smith • 50 g de azúcar • 500 ml de agua mineral • 50 g glucosa líquida • 100 ml de zumo de limón verde • 2 colas de pescado (gelatina)

Para las guarniciones: 20 g de manzana verde • 20 g de manzana reineta • 20 g de fresas

Para las gelatinas: 100 ml de zumo de manzana verde, de naranja sanguina, de albahaca y de moscatel de vendimia tardía • 2,4 g de colas de gelatina

Otros: Clavo, azafrán, jengibre, pimienta Sechouan, azúcar moscorado, brote de albahaca fresca, brote de ficoide glacial y brote de menta

Elaboración

Obtener, licuando manzanas, el zumo de manzana verde y añadirle el zumo de limón. Cocer el azúcar con el agua mineral 5 minutos y añadir la glucosa y las gelatinas, previamente remojadas en agua fría. Mezclar esto con el zumo de manzana y reservar.

Cortar las manzanas verdes, las manzanas reinetas y las fresas en dados de 5 milímetros de arista.

Gelatinizar los zumos de manzana verde, de naranja sanguina, de albahaca y de moscatel de vendimia tardía, con una proporción de 0,6 gramos de gelatina por decilitro de zumo. Dejar reposar en frío. Introducir en la sorbetera la mezcla de zumo de manzana y extraer el 50% a mitad del proceso, cuando esté a medio cuajar. Cuajar el resto terminando el tiempo de sorbete.

Acabado y presentación

Cubrir el fondo de un plato sopero pequeño de cristal con la sopa de helado de manzana. Saltear la sopa con dados de fruta y gelati-

na, aliñadas con las especias: manzana verde/clavo, fresas/moscatel, manzana reineta/azafrán, gelatina de manzana/jengibre, gelatina de naranja/pimienta negra y los brotes de hierbas frescas.
Colocar en el centro una quenefa de helado de manzana, y espolvorear con azúcar moscorado.

Julio Fariña y José Fernández

Restaurante Nito
Hotel Ego
Playa de Area, 1
27850 Viveiro
Lugo
Tlfo.: 982 56 09 87   Fax: 982 56 17 62
www.hotelego.com   info@hotelego.com

MERLUZA A LA GALLEGA

Ingredientes (para 4 personas)
1 k de merluza • 4 patatas pequeñas • 1 cebolla grande • sal • aceite de oliva virgen • ajo • pimentón dulce

Elaboración
Poner al fuego una olla con patatas, agua y cebolla picada en cuadrados. Cuando rompa a hervir, añadir la merluza cortada en rodajas, y dejar cocer durante 5 minutos, al mismo tiempo que se comprueba el punto de sal.
En una sartén, se pone aceite y ajo cortado en láminas hasta que

se dore. A continuación, esperar a que se enfríe un poco y añadir pimentón dulce. Dejar reposar unos minutos.

Acabado y presentación

Finalmente, se sirve la merluza en el plato, acompañada de las patatas, echando por encima de ellas la ajada.

Bonito en rollo

Ingredientes (para 4 personas)

1 k de bonito • 2 pimientos morrones • 1 cebolla • 100 g de jamón • 2 dientes de ajo • un poco de perejil • 50 g de pan rallado • 1 huevo cocido • 1 huevo batido • 1/2 vaso de vino blanco • harina • aceitunas rellenas • aceite • sal

Elaboración

Quitarle al bonito la piel y las espinas, y picar. Sazonar con un diente de ajo y perejil, machacados en el mortero, un poco de vino blanco y sal. Agregar el jamón, los pimientos, el huevo cocido y las aceitunas rellenas (50 g), todo picado.

Se pone el pan rallado y se mezcla todo el conjunto; por último, se añade el huevo batido, amasándolo con las manos para mezclarlo bien.

Con la ayuda de la harina, se forman dos rollos iguales, se pasan ligeramente por harina y se fríen en aceite bien caliente hasta que estén dorados.

Se corta la cebolla en rodajas finas y se coloca en una cazuela, cubriendo su fondo; se ponen encima los dos rollos y, sobre ellos, se vierte el aceite hirviendo en que los hemos frito (después de colarlo). En el mortero se machaca un diente de ajo con una rama de perejil, se deslíe con un poco de vino blanco, se agrega a la cazuela de los rollos y se deja cocer lentamente hasta que estén tiernos, una media hora aproximadamente.

Acabado y presentación

Cortar el rollo en rodajas y servir en una fuente, distribuyendo la salsa por encima.

TOCINILLO DE CIELO

Ingredientes (para 4 personas)

20 yemas • 600 g de azúcar • 1/2 l de agua • vainilla

Elaboración

Revolver en frío el agua, el azúcar y la vainilla. Seguidamente, cocer esta mezcla durante 1 minuto.

Apartar del fuego esta composición y echar a chorro fino sobre las yemas mientras batimos, para que así se forme una crema que, posteriormente, colocaremos en un molde. Cocer al vapor durante 10 minutos, dejar enfriar y desmoldar.

Ramón Freixa

Restaurante El Racó den Freixa

Sant Elies, 22

08006 Barcelona

Tlfo.: 93 209 75 59   Fax: 93 209 79 18

lracodenfreixa@elracodenfreixa.com

SOBRE UNA TOSTADA DE PAN CON TOMATE

Ingredientes (para 4 personas)

Para el sofrito: 600 g de tomate pera • 1 cebolla • 1 diente de ajo • 1 hoja de laurel

Para el jamón de pollo: 2 pechugas de pollo de caserío • 400 g de sal gruesa • 100 g de azúcar • 30 g de pimentón dulce • 10 g de jengibre fresco rallado • 3 g de comino • 5 g de tomillo en flor seco

Para el costillar de conejo: 4 costillares de conejo • 1 ajo • 1 manojo de perejil • 250 ml de aceite de oliva

Otros: hierbas de Bretaña (ficoide glacial cordifole, tetragone) • 1 chapata • aceite de oliva

Elaboración

Sofrito: Escaldar los tomates, pelarlos y cortarlos por la mitad para sacarles las pepitas. Reservar. Picar la cebolla y el ajo bien fino. En una cazuela de hierro fundido, poner la cebolla y el ajo, y sofreír muy poco a poco, hasta que coja un poco de color; entonces, añadir el tomate y la hoja de laurel, y dejar confitar hasta que quede como una mermelada.

Jamón de pollo: Mezclar la sal con el azúcar y las especias. Poner en una bandeja un poco de la mezcla salada y colocar encima las pechugas, que tapamos con el resto de la sal. Dejar curar 36 horas en la nevera. Una vez transcurrido este tiempo, lavar el pollo y congelarlo. Cortarlo en la máquina cortafiambres bien fino. Reservar en frío.

Costillar de conejo: Comenzar por preparar un aceite de ajo y perejil, triturando por la turmix el ajo, el perejil y el aceite. En una sartén marcar las costillitas de conejo, cortadas una a una, y dejarlas jugosas. Añadirles un poco de aceite de ajo y perejil, y, en el momento de servir, calentarlas en el horno.

Acabado y presentación

Limpiar las hierbas y cortarlas en brotes. Cortar la chapata a lo largo y tostarla por un lado solamente.

Montar el plato poniendo en el centro la chapata, untar sobre esta una base de sofrito y colocar encima las chuletillas de conejo, con las hierbas de Bretaña entre ellas. Terminar por poner las lonchas de jamón de pollo de caserío y aliñar con un buen aceite de oliva.

GALLINETA CON RAVIOLIS DE FINAS HIERBAS, ESPÁRRAGOS Y COMPOTA ÁCIDA

Ingredientes (para 4 personas)

4 gallinetas • 1 paquete de raviolis de queso y finas hierbas (raviolis Royans) • 1 manojo de espárragos de bosque • 1 manojo de espárragos verdes • 300 g de ruibarbo • 100 g de azúcar

Elaboración

Filetear la gallineta y reservarla en frío.

Para la compota ácida, pelar el ruibarbo y cortarlo. Ponerlo a confitar a fuego suave con el azúcar; una vez está cocido, triturar y colar. Reservar en caliente.

Pelar los espárragos, blanquearlos y refrescarlos con agua y hielo.

Escaldar los raviolis durante 2 minutos (se pueden comprar hechos en una tienda gourmet, por ejemplo, los raviolis Royans).

En una sartén saltear por el lado de la piel la gallineta.

Acabado y presentación

Montar el plato poniendo un fondo de crema ácida, distribuir encima de esta los raviolis y finalizar colocando la gallineta y los espárragos, que habremos terminado en la sartén.

CHOCOLATE 2003.3 LOS 5 CONTINENTES

Europa (presentado en chupito)

Ingredientes (para 4 personas)

Para el flan de chocolate: 250 g de azúcar • 1 l de leche • 1 piel de limón • 1 rama de canela • 8 huevos • 4 yemas • 150 g de *gianduia*
Para la *nube* de tomillo: 2 l de agua • 20 g de tomillo • 200 g de azúcar • 14 gelatinas

Elaboración

Flan de chocolate: Poner a hervir la leche, el azúcar, la piel de limón y la canela. A continuación, escaldar los huevos y las yemas, y, finalmente, verter encima del *gianduia*. Poner la mezcla en una bandeja al baño María en el horno a 180 °C, apagarlo e ir jugando con la temperatura, sin las resistencias y tapado con papel de plata. Enfriar y pasar por la turmix.

Nube de tomillo: Poner en un cazo el agua con el tomillo y el azúcar, e infusionar. Luego, volver a levantar, colar y añadir las gelatinas. Dejar reposar 24 horas y montar con la batidora pequeña o poner en un sifón.

Asia (presentado con bandeja y cuchara)

Ingredientes (para 4 personas)

Para el sorbete de cacao: 1 l de agua • 200 g de azúcar • 50 g de glucosa • 200 g de guanaja • 50 g de cacao en polvo • 4 g de estabilizante
Para el arroz inflado al curry: arroz Bomba • *curry* • azúcar glas

Elaboración

Sorbete de cacao: Poner a hervir el agua, el azúcar, la glucosa y el estabilizante. Luego, verter encima de la guanaja y el cacao, batir y pasar por la turmix. Por último, congelar y pasar por la Paco Jet.

Arroz inflado al curry: Hervir el arroz y pasarlo de cocción. Enfriar, escurrir y estirar en una bandeja; dejar 24 horas en la mesa. Luego, freírlo y mezclarlo con azúcar glas y *curry*.

África (presentado en plato cuadrado)

Ingredientes (para 4 personas)

Para el compacto de café: 1/2 l de café de máquina • 1/2 l de almíbar (mitad de agua y mitad de azúcar) • 3 hojas de gelatina • 1 cucharada de agar-agar
Para el royal de chocolate • 250 g de agua • 200 g de manjari • 1 hoja de gelatina • pan de oro

Elaboración

Compacto de café: Poner a hervir el café con el almíbar. Cuando hierva, añadir el agar-agar, hacer que vuelva a hervir y, a continuación, agregar las hojas de gelatina. Dejar enfriar y poner en moldes. Por último, guardar en el congelador.

Royal de chocolate: Por un lado, fundir el chocolate y, por otro, hervir el agua. Mezclar ambos ingredientes y añadir la gelatina.

En un plato poner el compacto de café y sobre este la royal de chocolate y, para terminar, el pan de oro.

América (presentado en taza)

Ingredientes (para 4 personas)

Para la sopa o frappé de chocolate: 1 l de leche • 250 g de guanaja
Para la confitura de tomate: 500 g de tomate • 200 g de azúcar
Otros: guindilla

Elaboración

Sopa o frappé de chocolate: Fundir el chocolate en un cazo, aparte hervir la leche y, por último, mezclar ambos ingredientes.

Confitura de tomate: Escaldar, pelar y despepitar los tomates, y ponerlos en una *sauté* con el azúcar. Dejarlos cocer con la plancha al 3-4-5.

Otros: Rascar la guindilla y untarla por el borde de la taza en la que se va a servir el postre.

Oceanía (presentado en plato cuadrado)

Ingredientes

Para el *mousse* cocido de chocolate: 300 g de chocolate • 100 g de claras a punto de nieve • 50 g de harina de almendras • 30 g de crema doble.

Para la salsa de chocolate: 300 g de azúcar • 20 g de cacao • 160 g de agua • 200 g de crema leche

Otros: ralladura de nueces de macadamia.

Elaboración

***Mousse* cocido de chocolate:** Fundimos el chocolate y le añadimos el resto de ingredientes, los congelamos en moldes y en el momento lo cocemos a 180 °C durante 5 segundos.

Poner en un cazo el azúcar, cacao, agua, crema leche, mezclar bien y cuando empiece a hervir retirar.

Carles Gaig

Restaurante Gaig
Paseo de Maragall, 402
08031 Barcelona
Tlfo.: 93 429 10 17   Fax: 93 429 70 02
RTGAIG@teleline.es

ARROZ NEGRO CON SEPIA Y CALAMARCITOS

Ingredientes (para 8 personas)

Para el caldo: 2 cebollas • 12 dientes de ajo • 8 tomates maduros • 2 k de pescado de roca • 6 l de agua

Para el arroz: 400 g de sepia • 8 piezas de calamares pequeños • 4 pimientos verdes • 4 dientes de ajo • 640 g de arroz Bomba • tinta de calamar

Elaboración

Caldo: En una olla para caldos, sofreír las cebollas y 12 dientes de ajo. Una vez dorados, añadir el tomate y seguir sofriendo. A continuación, añadir el pescado de roca (sin tripas ni agallas) y el agua. Hervir durante unos 60 minutos, colar y reservar para la cocción del arroz. **Arroz:** En una paellera para ocho personas, saltear en aceite bien caliente la sepia cortada a trocitos y el calamar entero. Una vez dorados, añadir los pimientos cortados y los ajos laminados. Cuando está el sofrito, agregar el arroz, la tinta y el caldo necesario (unos 1.500 mililitros) para la cocción de 16 minutos.

COCHINILLO CRUJIENTE CON JUDÍAS BLANCAS DE GANXET Y CREMOSO DE MANZANA

***

Ingredientes (para 8 personas)

Para el cochinillo: 1 cochinillo de 6 k • 1 limón • 1 zanahoria • 1 cebolla • 1 puerro • 1 cabeza de ajos • 1 nuez de mantequilla • 1 dl de vino rancio

Para el cremoso: 2 cucharadas de café de azúcar • 1 manzana

Para las judías: 200 g de judías del Ganxet hervidas • 1 zanahoria • 1 puerro • 1 cebolla

Elaboración

Cochinillo: Limpiar, abrir por la mitad, salar y restregar limón; cocer al horno con papel de aluminio a 150 °C unas 2 horas.

Deshuesar en caliente, cortar por raciones y prensar, esto hará que la piel quede plana. Una vez prensado, rustir a fuego lento por la parte de la piel para que quede crujiente.

Con los huesos del cochinillo, la verdura y el vino preparar un caldo, que se utiliza para la salsa del cochinillo. Una vez bien reducido el caldo, añadir una nuez de mantequilla para ligarlo.

El cremoso: Calentar una sartén y añadir el azúcar. Una vez hecho el caramelo, saltear la manzana troceada, sin piel ni corazón. Cuando la manzana está cocida, escurrir y triturar para que quede cremoso.

Judías: Poner la víspera de la cocción las judías en remojo. Tras una primera ebullición, asustar, añadir la verdura, tapar herméticamente durante 45 minutos y añadir la sal 5 minutos antes de retirar del fuego.

Acabado y presentación

En platos calientes disponer las raciones de cochinillo, que habrán quedado con la piel crujiente. Calentar la salsa y salsear un lado de cada plato. Añadir una quenelle de cremoso de manzana y una cucharada de judías salteadas previamente en la sartén.

DADO DE LIMA, MIEL, YOGUR Y CLAVO

Ingredientes

Para el dado de lima: 720 g de harina • 900 g de huevo (18 huevos) • 1.080 g de mantequilla • 1.080 g de azúcar • 15 g de levadura • piel rallada de 18 limas

Para la miel: 350 g de miel • 1 l y 1/2 de agua • 28 g de gelatina • 40 g de azúcar Dark Muscovado

Para la infusión de clavo: 1 l y 1/2 de agua • 460 g de zumo de limón • 15 clavos • 400 g de azúcar

Para los plátanos: 24 plátanos baby • 600 g de azúcar • cilantro • zumo de lima

Otros : yogur de oveja

Elaboración

Dado de lima: Montar los huevos y el azúcar con la ralladura de lima. Una vez montado, espolvorear la harina (mezclar previamente la levadura con la harina) y añadir, por último, la mantequilla. Forrar los moldes con mantequilla y harina y hornear 24 minutos. Enfriar, cortar y repelar.

Miel: Trempar la gelatina y deshacer en el agua caliente, diluir también la miel y el azúcar muscovado. Enfriar unas 12 o 14 horas y cortar en cuadraditos.

Infusión de clavo: Infusionar los clavos en el agua 4 minutos y añadirle el resto de los ingredientes, reposar. Este preparado sirve para humedecer el dado de lima.

Plátanos: Pelar los plátanos. Calentar una olla bien, poner el azúcar y la lima, y preparar un caramelo. Una vez rosado, agregar los plátanos baby, rehogar y añadir el cilantro. Retirar del fuego y dejar reposar para que el plátano coja más gusto de caramelo y cilantro.

Acabado y presentación

Servir el dado de lima humedecido con la infusión de clavo, junto con los plátanos y un poco de yogur. Utilizar el caramelo para decorar el plato.

Copa de «foie» en «gelée» de tempranillo
Bonito asado sobre compota de cebolla a la naranja
La danza de las abejas sobre la flor de polen

Daniel García Gómez

Restaurante Zortziko
Alameda Mazarredo, 17
48001 Bilbao
Tlfo.: 94 423 97 43   Fax: 94 423 56 87
www.zortziko.es

Copa de «foie» en «gelée» de tempranillo

Ingredientes (para 4 personas)
250 g de *foie-gras* natural • 1 cucharadita de azúcar • 3 g de sal fina • 40 g de coñac • 40 g de Oporto • ralladura de nuez moscada • 2 g de sal gorda • 40 g de vino de uva rempranillo • 1 cucharadita de azúcar • 1 hoja de gelatina • 1 pera cortada en dados • 4 cucharadas de aceite de oliva • 2 cucharadas de vinagre viejo

Elaboración
Cortar el *foie* en trozos y añadirle los ingredientes. Ponerlo a fundir unos minutos a fuego lento, pasarlo por un colador fino. Batirlo enérgicamente hasta que adquiera cierta cremosidad. Hervir el vino con un poco de azúcar. Retirar del fuego y añadirle la gelatina.

Dejar enfriar. Saltear la pera en aceite. Añadirle el vinagre viejo y dejar enfriar.

Acabado y presentación

Tener todos los elementos a 10 °C de temperatura. Elegir una copa de cristal fino. En la base poner la pera, en el centro, el *foie* y en la superficie, la *gelée* de tempranillo y unos granos de sal gorda. Este plato se toma con cucharilla, por lo que no debe servirse frío o por debajo de los 10 °C.

BONITO ASADO SOBRE COMPOTA DE CEBOLLA A LA NARANJA

Ingredientes (para 4 personas)

400 g de bonito • 1 cebolla • 1/4 de l de zumo de naranja • 1 dl de aceite de oliva • 1 cucharada de café de harina de naranja • 4 pimientos del país en juliana • 5 g de sal Maldon • 1/2 kg de tomates • una rama de tomillo • una pizca de azúcar

Elaboración

Poner a rehogar la cebolla a fuego lento y añadir el zumo y la harina de naranja. Rectificar el punto de sal y reservar.

Para preparar el puré de tomate, poner a escaldar los tomates, pelarlos y quitarles las semillas. Cortar en dados muy pequeños y poner al fuego con un poco de tomillo, sal y azúcar, dejar reducir hasta que tenga la consistencia de un puré. Rectificar el punto de sal y la acidez con azúcar. Reservar.

Cortar el bonito en tacos rectangulares y marinarlos con aceite de oliva. Pasar por la plancha y emplatar.

Acabado y presentación

Colocar un poco de cebolla en la base del plato, sobre esta el bonito y la juliana del pimiento. Dibujar una cenefa con el puré de tomate y espolvorear el bonito con sal Maldon. Decorar con algo de harina y con hierbas aromáticas.

LA DANZA DE LAS ABEJAS SOBRE LA FLOR DE POLEN

Ingredientes (para 4 personas)

3 yemas de huevo • 150 g de azúcar • 1/4 de l de leche • 1/4 de l de nata batida • 8 hojas de gelatina neutra • 50 g de polen

Para la salsa de miel: 3 yemas de huevo • 1/4 de l de leche • 3 cucharadas de miel

Elaboración

Con los ingredientes reseñados en primer lugar, hacer una *mousse*. Con los otros ingredientes, hacer una salsa inglesa sustituyendo el azúcar por la miel. Dejar enfriar.

Acabado y presentación

Bañar toda la base del plato con salsa de miel. Disponer la *mousse* de polen sobre la salsa. Con un comer de chocolate dibujar unas abejas en posición de vuelo hacia una flor de chocolate dispuesta en torno a la *mousse* de polen. Completar con copitos de kiwi, fambruesa y mango.

Daniel García Reinaldo

Restaurante Tragabuches

José Aparicio, 1

29400 Ronda

Málaga

Tlfo.: 95 219 02 91   Fax: 95 287 86 41

reservas@tragabuches.com   manu@eljuncal.com

AJOBLANCO MALAGUEÑO CON RAVIOLI DE GAMBA Y HUEVAS DE ARENQUE

Ingredientes (para 4 personas)

Para el ajoblanco: 1/2 k de almendra Marcona • 1 diente de ajo • 1 trozo de pan del día anterior • 1 chorreón de aceite de oliva • 1 cucharada sopera de vinagre de jerez • 1 cucharada sopera de agua • 1 cucharada sopera de sal

Para la reducción de vinagre de Módena: 100 g de vinagre de Módena • 1 cucharada sopera de aceite de pepitas de uva

Para el ravioli de gamba, relleno de huevas de arenque: 4 gambas grandes • 25 g de huevas de arenque • 10 g de cabello de ángel • 1/2 zanahoria • cebollino fresco

Elaboración

Ajoblanco: Triturar las almendras con el agua y el ajo. Una vez esté bien triturado, montar con el aceite y sazonar con el vinagre y la sal. Pasar por un chino fino.

Reducción de vinagre de Módena: Reducir el vinagre de Módena 2 minutos a fuego fuerte. Finalmente, cortar con el aceite de pepitas de uva.

Ravioli de gamba, relleno de huevas de arenque: Cocer levemente la zanahoria cortada en dados hasta dejar con una textura *al dente*. Espalmar las gambas, limpias de intestinos y coral, entre dos hojas de papel *film* transparente y congelar.

Para elaborar el relleno de huevas de arenque, picar las zanahorias en cuadraditos pequeños y el cebollino, muy fino.

Mezclar todo con las huevas y el cabello de ángel.

Acabado y presentación

En el centro del plato poner el relleno de huevas de arenque y cabello de ángel. Cortar las gambas congeladas con el cortapastas redondo. Quitar uno de los trozos de papel *film* y poner la gamba encima de las huevas, para que caiga por su propio peso dentro del relleno, que la envolverá como de si de un ravioli se tratase.

Este proceso debe desarrollarse con rapidez, para evitar que las gambas se descongelen antes de tiempo.

Sazonar con un poquito de sal y reducción de Módena.

El camarero servirá la sopa de ajoblanco una vez presentado el plato en la mesa.

Lubina asada con gachas y espinacas

Ingredientes (para 4 personas)

4 piezas de lubina de unos 125 g cada una

Para las gachas: 1 trozo de panceta • 250 g de harina de Almorta • 1 cucharada sopera de agua • romero • tomillo • sal • pimentón dulce • aceite de oliva

Para las espinacas esparragadas: 1/4 de k de espinacas frescas • 2 rebanadas de pan • 1 diente de ajo • piel de naranja • comino • pimentón • 35 g de almendra

Elaboración

Gachas: Sofreír el tocino troceado en aceite de oliva con las hierbas frescas (romero y tomillo); añadir la harina de almorta y remover bien. Ir agregando agua poco a poco mientras vaya cociendo, de modo que quede una textura *gachosa*. Al final, poner a punto de sal y añadir un poco de pimentón.

Las gachas deben mantenerse calientes, en cuanto se enfrían se cuajan, por lo que resulta muy complicado volverlas a calentar. Otra posibilidad es meterlas en un sifón al baño María.

Espinacas esparragadas: Escaldar las espinacas en agua y reservar un poco de esa agua; en aceite de oliva, sofreír un diente de ajo y dos rebanadas de pan hasta que estén doradas.

Sacar y triturar el ajo y el pan con la almendra, ayudándose con un poco del agua de la cocción de las espinacas, que hemos reservado. En el aceite en el que hemos frito el ajo y el pan, echar una cucharadita pequeña de pimentón dulce y las espinacas bien escurridas, añadir el majado de almendras, pan y ajo, y poner a punto de sal y comino.

Acabado y presentación

Distribuir las gachas en el fondo del plato, colocar encima las espinacas esparragadas y añadir un poco de almendra troceada para dar un poco de textura. Encima, poner la lubina, que habremos marcado a la plancha anteriormente.

LECHE CON GALLETAS

Ingredientes (para 20 personas)

Para la espuma de leche: 700 g de leche • 300 g de nata • 1 sifón • 2 cargas de sifón

Para la crema de chocolate al café: 415 g de azúcar • 85 g de cacao • 30 g de cobertura negra • 315 g de agua • 30 g de maicena • 100 g de café expreso • 25 g de agua

Para el helado de galleta: 2 litros de leche • 676 g de nata • 80 g de azúcar invertido • 236 g de yemas de huevo • 508 g de azúcar • 120 g de glucosa atomizada • 180 g de leche en polvo • 120 g de estabilizante • 2 paquetes de galletas Chiquilín

Elaboración

Espuma de leche: Mezclar la leche y la nata, y meter en el sifón con dos cargas. Reservar.

Crema de chocolate al café: Hervir el agua, la cobertura negra y el azúcar. Mezclar con el cacao y la maicena hasta que espese. Esperar a que se enfríe el conjunto anterior y añadir el café y los 25 gramos de agua.

Helado de galleta: Hervir la nata y la leche junto con el azúcar invertido, la glucosa atomizada, la leche en polvo y el estabilizante. Juntar las yemas con el azúcar y agregar a la mezcla hervida anteriormente, elaborando de este modo una crema inglesa. Verter caliente sobre las galletas y dejar que estas absorban la leche. Triturar, pasar por un chino y turbinar.

Acabado y presentación

En el fondo de un vaso ancho, poner la crema de chocolate al café y, encima, el helado de galleta. Cubrir todo de espuma de leche, decorando con cacao en polvo.

José Carlos García

Restaurante Café de París
Vélez-Málaga, s/n
29016 Málaga
Tlfo.: 952 22 50 43   Fax: 952 60 38 64

AJOBLANCO CON GRANIZADO
DE VINO TINTO Y VAINILLA

Ingredientes (para 4 personas)

Para el ajoblanco: 250 g de almendras • 2 dientes de ajo • 2 migas de pan blanco, caladas en agua muy fría • 1 cucharada sopera de vinagre de jerez • 1 cucharada sopera de sal • 300 g de aceite de oliva de 0,4° • 50 g de aceite de pepitas de uvas • 150 g de agua fría

Para el granizado de vino tinto: 250 g de agua • 100 g de azúcar • 1 rama de canela • 1 piel de naranja • 1 rama de vainilla • 250 g de vino tinto

Elaboración

Ajoblanco: Montar la trituradora, echar las almendras crudas, los ajos sin el corazón y el pan calado, y elaborar una pasta compacta. Agregar el aceite de oliva y el de pepitas de uva, como si de una mahonesa se tratara. Tiene que quedar una textura espesa, por lo que hay que añadir agua para dejar el espesor deseado. Echar sal y vinagre al gusto, Mantener muy frío.

Granizado de vino tinto: Preparar un jarabe con todos los ingredientes menos el vino tinto, dejar enfriar infusionando y, por último, añadir el vino tinto. Congelar y listo.

Acabado y presentación

Servir en un cuenco el ajoblanco y poner un poco de granizado encima; agregar en el último momento unas gotas de aceite de oliva para cortar la sopa.

FALSO «SUSHI» DE BACALAO CON CARAMELO DE BERENJENA Y CREMA DE AJO FRÍA

Ingredientes (para 4 personas)

200 g de bacalao fresco Giraldo • 50 g de arroz Bomba • azafrán • 5 g de jengibre cocido • 15 g de aceite de oliva • 2 hojas de alga nori • cebollino fresco • 1 diente de ajo fresco • 50 g de berenjenas • 2 g de azúcar • agua • 50 cl de salsa de soja, en un recipiente aparte

Elaboración

Arroz de azafrán: Lavar el arroz hasta quitar todo el almidón sobrante. Poner a cocer el arroz lavado con unos pistilos de azafrán y el doble de agua, hasta que se consuma toda el agua.
Dejar reposar y enfriar un poco.

Caramelo de berenjenas: Cortar en la cortafiambres las berenjenas muy finas.

Preparar un jarabe al 50% de azúcar.

Pintar las berenjenas con el jarabe y dejar secar en el horno a 130 ºC durante 20 minutos.

Crema fina de ajos: Preparar un aceite de ajos con las pieles de bacalao. Montar con la turmix hasta conseguir una crema con aspecto de mahonesa.

Bacalao: Quitar la piel del bacalao y dejar un lomito uniforme.

Extender una hoja de alga nori en una esterilla de bambú.

Poner el arroz templado, unas láminas de jengibre y el lomo de bacalao desalado.

Liar con ayuda de la esterilla y dejar reposar para cortar con un cuchillo.

Acabado y presentación

Extender una cucharada de crema de ajo decorando el plato. Cortar una rodaja de *sushi* y poner encima de esta crema. Decorar con berenjenas y unos pistilos de azafrán.

Servir salsa de soja en un recipiente aparte.

Mojito granizado con espuma de coco

———

Ingredientes (para 4 personas)

200 g de agua • 50 g de azúcar • 200 g de menta • 100 g de zumo de lima • 100 g de ron blanco • 500 g de pulpa de coco • 3 hojas de gelatina común

Elaboración

Mezclar agua, azúcar, hierbabuena, ron, zumo de limón y añadir 3 hojas de gelatina por litro de resultado. Disponer en chupitos y reservar.

Verter la pulpa de coco en el sifón sin más y dejar reposar en la nevera.

Acabado y presentación

Sacar el chupito granizado y poner la espuma de coco al pase.

Decorar con alguna hoja de menta, previamente caramelizada con jarabe (agua y azúcar) y seca en la estufa.

«Carpaccio» de venado
Rodaballo al azafrán
«Apfelstrudel» a la vienesa

Carlos Horcher

Restaurante Horcher
Alfonso XII, 6
28014 Madrid
Tlfos.: 91 522 07 31/91 532 35 96   Fax: 91 523 34 90

«Carpaccio» de venado

Ingredientes (para 4 personas)
500 g de lomo de ciervo o solomillo de ciervo • 10 g de mostaza, macerados en vino blanco 1 noche • vinagre de jerez • aceite de oliva virgen de 0,5º de acidez • un poco de tomillo • perejil • cebolleta picada • pimienta negra • sal • higos verdes picantes

Elaboración
Limpiar el lomo del ciervo de grasa y de restos de piel, salpimentar y cubrir con la cebolleta, el perejil y el tomillo picados. Para que las hierbas se peguen mejor a la carne, se envuelve el lomo en *film* transparente y se deja macerar 24 horas. Pasado este tiempo, retirar las hierbas y poner la carne 2 horas en el congelador.

Acabado y presentación

A la hora de preparar el plato, se quita el *film* de la carne y, con ayuda de una máquina de cortar fiambre, se corta el lomo en lonchas lo más finas posible, que se colocan en forma de abanico en los platos. A continuación, echar con el molinillo de pimienta pimienta negra, un poco de sal y los gramos de mostaza. Finalmente, con un vaporizador de vinagre se rocía la carne con vinagre de jerez y, por último, se echa un poco de aceite de oliva virgen. Nosotros acompañamos el *carpaccio* de venado con higos verdes picantes.

RODABALLO AL AZAFRÁN

Ingredientes (para 4 personas)

4 rodajas de rodaballo de 200 g cada una • 1/2 l de nata líquida • 1/2 g de azafrán • 2 copas de vino blanco seco • 1 tomate sin pulpa, pelado y cortado en trocitos • sal • unas gotas de zumo de limón • mantequilla • arroz blanco

Elaboración

Se unta un recipiente con mantequilla, se colocan las raciones de rodaballo, se sazona, se cubre con el vino blanco y se mete al horno durante unos 8 minutos.

Pasado este tiempo, se sacan del horno las rodajas de rodaballo, se colocan en una fuente y se guarda en un lugar caliente.

Echar el caldo de cocer el rodaballo en una cacerola y añadir la nata líquida y el azafrán. Poner al fuego hasta obtener una salsa cremosa. Sazonar, añadir el zumo de limón y cubrir con esta salsa las rodajas de rodaballo.

Acabado y presentación

Servir las raciones de rodaballo cubiertas de salsa, adornar con el tomate pelado y troceado y acompañar de arroz blanco.

«APFELSTRUDEL» A LA VIENESA

Ingredientes (para 4 personas)

1 k de manzanas golden • 250 g de harina • 25 g de aceite de girasol • 40 g de pasas de Corinto • 1 huevo • 1/8 de l de agua tibia • 200 g de azúcar • 20 g de canela molida • 1 muletón o mantel para estirar la masa • azúcar canela • azúcar glas • nata montada

Elaboración

Se pelan las manzanas, se les saca el corazón, se cortan por la mitad y después en finas láminas. Se mezclan las manzanas en un recipiente con el azúcar, la canela y las pasas, y se deja macerar todo durante 1 hora.

Mientras se macera la manzana, se prepara la masa con la harina, el huevo, el aceite de girasol y el agua, trabajando todo sobre una mesa hasta conseguir una masa suave, pero consistente. Se hace una bola con la masa y se deja reposar en un lugar caliente, tapada con un paño, unos 30 minutos. Sobre el mantel o muletón bien enharinado, se estira la masa con un rodillo (que quede lo más fina posible) hasta obtener un tamaño de 60 x 40 centímetros aproximadamente.

Se coloca la manzana macerada por el borde inferior de la masa extendida, y se enrolla la manzana con la masa con la ayuda del mantel.

A continuación, se coloca el *Apfelstrudel* sobre una bandeja y se cuece al horno a 200 °C unos 35 minutos.

Acabado y presentación

Para servir se espolvorea con azúcar canela y azúcar glas y se acompaña de nata montada.

Jean-Louis

Neichel

Beltrán i Rózpide, 1-5 (antigua avda. Pedralbes)
08034 Barcelona
Tlfo.: 93 203 84 08   Fax: 93 205 63 69
www.neichel.es   neichel@relaischateaux.com

«Carpaccio» de pato ahumado con trufas de Huesca confitado en su aceite

——

Ingredientes (para 4 personas)

1 *magret* de pato • 1 trufa de 30 g • 1 patata *rata* cocida • 1/2 l de aceite de oliva • 1/2 l de aceite de pepita de uva • 1 cucharada de vinagre Forum • 30 g de *foie gras* en terrina • algunas hojas de *rucola* y otras ensaladas de hoja pequeña • finas hierbas frescas • sal Maldon y pimienta • piñones • aceite de nueces

Elaboración

Salpimentar el *magret* de pato 24 horas antes. Ahumar en frío durante 2 minutos, envolver en papel *film* y congelar unas horas. Confitar las trufas en aceite y enfriar. Preparar una albóndiga de *foie gras* cocido y trufa picada.

Cortar el pato en láminas finas y colocarlo en un plato, rociar con aceite de trufa del confitado y con vinagre Forum de cabernet-sauvignon. Pimentar con el molino, añadir sal Maldon y piñones.

Se puede acompañar con una mezcla de ensaladas de hoja pequeña y finas hierbas frescas al aceite de nueces.

«Mar y montaña» ampurdanés de pollo y marisco

Ingredientes (para 4 personas)

Para las albóndigas de pollo: 400 g de carne de pollo de masía del Prat picada • 200 g de cansalada fresca, no salada, y espalda de cerdo picada • escalonias, perejil y ajo picado • pan rallado • 2 huevos • sal • pimienta • 200 g de carne de pollo de masía del Prat cortado en dados de 1 cm • harina

Otros: 1 cebolla picada • 2 dientes de ajo • 1 tomate fresco • azafrán • 1 hoja de laurel • 1 ramita de tomillo • 1/8 de l de sopa de pescado • 1/8 de l de jugo de pollo • 4 gambas del Mediterráneo de 55 g la pieza • 4 rodajas gruesas de cola de langosta con carcasa coloreada • 4 almejas grandes • 4 calamares pequeños • 4 caracoles de mar • 4 *espardenyes* (cohombros) gruesas y cortadas en dos • 4 rodajas de patatas pequeñas tipo *rata* de 1 cm de espesor, cocidas • bolitas de calabacines, alcachofas, zanahorias • 4 crestas de gallo

Elaboración

Cocer las crestas de gallo durante 75 minutos en un consomé. Enfriar. Mezclar todos los ingredientes de las albóndigas y hacer cuatro bolas de 30 centímetros. Enharinar ligeramente y colorearlas con aceite de oliva. Apartarlas sobre papel de cocina.

Freír en aceite de oliva una cebolla picada, dos dientes de ajo, un tomate fresco, azafrán, una hoja de laurel y una ramita de tomillo.

Añadir la sopa de pescado y el jugo del pollo ligero. Triturar y colar el caldo.

Agregar a esta salsa las albóndigas y las patatas, y cocerlas despacio durante 15 o 20 minutos.

Unos 4 minutos antes de terminar la cocción, añadir las gambas y los trozos de langosta, las almejas, los caracoles, los cohombros y los calamares, previamente salteados, y también las crestas de gallo.

Sacar las patatas cuando hayan transcurrido tres cuartas partes de la cocción.

Calentar las bolitas de verduras junto con el resto durante 2 minutos.

Acabado y presentación

Servir en un gran plato hondo y, si se quiere, en dos servicios. El jugo tiene que ser líquido como una sopa, no como una salsa. Decorar con laurel.

Este es un plato inspirado en el Ampurdán, donde es muy usual mezclar carne con marisco, con frutas o con caracoles.

Aunque, si se mira bien, una paella valenciana mixta también es un *mar y montaña*.

SORBETE DE OLIVAS NEGRAS CON FRUTOS ROJOS DEL MARESME

———

Ingredientes (para 4 personas)

1/4 de k de olivas negras de Aragón, sin hueso y blanqueadas cuatro veces • romero seco • la piel seca de 1 naranja • 2 cucharadas de anticristalizante de sorbetes • 1/2 l de agua • 1/2 k de azúcar • 2 cucharadas de aceite de oliva virgen • compota de naranja amarga • frutos rojos variados • aceite de oliva a la vainilla • 1/2 l de aceite de oliva virgen • 1 vaina de vainilla cortada en dos • 1 teja de romero • crema de vainilla • *coulis* de frambuesas

Elaboración

Preparar un sirope con agua y azúcar. Infusionar las aceitunas negras en el sirope con el romero y la piel de naranja seca durante 3 horas a 60 o 70 °C. Enfriar y no filtrar.

Picar la mitad de las olivas con el cuchillo y la otra mitad con un cúter.

Mezclar todas las olivas con sirope al gusto y agua. Añadir el anti-cristalizante.

Pasar por la sorbetera el tiempo justo porque si no se corta.

Preparar el aceite de vainilla metiendo la vaina de vainilla cortada en dos en el aceite de oliva.

Acabado y presentación

Servir el sorbete en una copa con crema de vainilla, *coulis* de frambuesas, algún fruto rojo y compota de naranja, y rociar con aceite de oliva a la vainilla.

Acompañar con una teja de romero.

Atxen Jiménez

Restaurante Tubal

Plaza de Navarra, 4

31300 Tafalla

Navarra

Tlfo.: 948 70 08 52   Fax: 948 70 00 50

LASAÑA DE CHIPIRONES CON ACEITE DE CEBOLLINO Y CHIPIRÓN

Ingredientes (para 4 personas)

Para el relleno de chipirones: 1 pimiento verde • 1 cebolla picada • 1 diente de ajo • 16 chipirones • 1/2 litro de *fumet* de pescado • 80 g de harina de trigo • tinta de calamar • 60 g de salsa de tomate

Para el aceite de cebollino: 1 manojo de cebollino • 1/4 de l de aceite

Para los raviolis: 20 láminas de pasta • relleno de chipirones (elaboración previa) • 1 cebolla • 4 chipirones • ajo • perejil

Otros: cebollino picado

Elaboración

Relleno de chipirones: Poner a pochar en aceite de oliva el ajo, la cebolla y el pimiento verde picados. Una vez pochado, añadir los chipirones y la salsa de tomate. Dejar hervir hasta que el chipirón esté hecho. Incorporar la harina y el *fumet* de pescado. Agregar la tinta de calamar hasta que tome un color negro. Salpimentar y reservar.

Aceite de cebollino: Macerar durante 2 días un manojo de cebollino con 1/4 de litro de aceite. Triturar en la thermomix y colar. Cortar este aceite con tinta de chipirón.

Raviolis: Cocer veinte láminas de pasta en agua con aceite y sal durante 3 minutos, enfriar en agua y hielos para cortar la cocción. Luego, cortar con un cortapastas circular.

Acabado y presentación

En un cortapastas metálico colocar una lámina de pasta y cubrir con el relleno. Repetir la operación.

Volver a cubrir con pasta, añadir la cebolla (previamente frita en aceite suave), seguir con unos chipirones salteados con ajo y perejil, y finalizar con otra lámina.

Montar con aceite de oliva virgen y con ayuda de una varilla el jugo que han soltado los chipirones al saltearlos.

Colocar la lasaña a un lado del plato, dibujar unas rayas con los aceites y napar con el aceite de chipirón. Espolvorear con el cebollino picado.

CARRILLERA DE TERNERA SOBRE CREMA DE PATATAS Y MANITAS DE CERDO

Ingredientes (para 4 personas)

1 k de carrillera de ternera • 2 cebollas grandes partidas en juliana • 4 mani-

tas de cerdo, cocidas y deshuesadas • 1 cabeza de ajo • 2 copas de vino tinto • 1 l de caldo de carne • aceite de oliva • 1/2 k de patatas • 1 puerro • grasa de jamón

Para la guarnición de patatas y puerros confitados: 1 puerro • 1 patata grande • 25 cl de aceite • 60 g de mantequilla

Para la guarnición de crema de patatas: 1 k de patatas • 100 g de mantequilla • 20 cl de nata • aceite de ajos • sal • pimienta

Otros: cebollino • perifollo • romero

Elaboración

Dorar la carrillera en una perola con aceite de oliva y grasa de jamón. Cuando esté dorada, añadir los ajos y flambear. Incorporar la cebolla en juliana, el vino tinto y cocer a fuego lento, añadiendo caldo de carne hasta que esté tierna. Retirar la carne, triturar, colar la salsa y oscurecer con una salsa París.

Cocer aparte las manitas de cerdo, deshuesar y trocear.

Guarnición de puerros y patatas confitadas: Cocer unas patatas y unos puerros troceados, hasta que estén semicocidos, y terminar confitando en aceite y mantequilla.

Guarnición de crema de patatas: Cocer unas patatas, escurrir y añadir mantequilla, nata y un poco de aceite de ajos, sal y pimienta. Triturar y colar.

Acabado y presentación

Colocar en el fondo del plato la crema de patata y, a continuación, el puerro y la patata confitada; apoyar sobre ella la carrillera.

Napar con salsa y servir como guarnición las manitas deshuesadas.

Decorar con cebollino, perifollo y romero.

Sopa de piña con helado de queso, espuma de coco y frutas

Ingredientes (para 4 personas)

Para la sopa de piña: 500 g de piña • 150 g de almíbar (100 g de agua y 100 g de azúcar)

Para la espuma de coco: 140 g de puré de coco • 60 g de leche • 25 g de azúcar • 1 hoja de gelatina

Para el helado de queso: 200 g de quark (queso semidesnatado) • 80 g de azúcar • 20 g de glucosa • 25 g de nata • 50 g de leche • 10 g de estabilizante

Para las frutas: piña • fresa • mango • kiwi

Otros: 1 hojita de menta

Elaboración

Sopa de piña: Elaborar el almíbar con la misma cantidad de agua que de azúcar. Si la piña está muy madura, sustituir una parte del almíbar por la misma cantidad de agua.

Limpiar la piña y triturar con el almíbar en la thermomix o con una turmix. Pasar por un chino y mantener en una cámara que esté bien fría.

Espuma de coco: Calentar la mitad de la leche y añadir la hoja de gelatina, que previamente habrá estado en remojo en agua fría. Juntar con el resto de los ingredientes. Dejar enfriar en el frigorífico y cargar el sifón.

Helado de queso: Calentar la glucosa con la leche para diluirla, dejar que se enfríe y unir al resto de los ingredientes. Pasarlo por la thermomix o turmix, dejar reposar y pasar por la sorbetera.

Antes de meter el helado en la sorbetera, debe madurar en la cámara por lo menos 12 horas, con el fin de que sus elementos mejoren sus propiedades y el estabilizante se hinche.

Frutas: Limpiar las frutas y cortarlas en daditos. Las frutas pueden variar según la temporada.

Acabado y presentación

En una copa tipo cóctel, colocar las frutas y cubrir con la sopa de piña. Añadir una *quenelle* de helado de queso y culminar con la espuma de coco. Decorar con una hojita de menta fresca.

Consomé frío de gambas de Gandía
Filetes de salmonetes de roca de Moraira con alcachofas,
«risotto» de azafrán, «radicchio» y calamarcitos
Sinfonía de fresitas del bosque

Joachim Koerper

Restaurante Girasol
Carretera Moraira-Calpe, km 1,5
03724 Moraira
Alicante
Tlfo.: 965 74 43 73   Fax: 966 49 05 45
www.restaurantegirasol.com   Girasol@alc.servicom.es

Consomé frío de gambas de Gandía

Ingredientes (para 6 personas)

600 g de gambas • 6 k de tomates • 200 g de chalotas • 200 g de cebolla • 20 g de cebollino • 2 dientes de ajo • perejil • albahaca • pimienta blanca en grano • cilantro • sal • 100 g de apio en bola • 4 hojas de gelatina • 50 g de zanahoria • 50 g de calabacín • unas hojas de lechuga

Elaboración

Trocear 1 k y 1/2 de tomates en cuartos, mezclar con una juliana de cebolla y chalotas, un diente de ajo, perejil, albahaca, pimienta blanca en grano, sal y un poco de apio en bola.

Licuar el resto del tomate (4 k y 1/2) y hervir el zumo resultante. Una vez desespumado, pasar por una estameña y añadir a los tomates troceados con la verdura. Cocer toda la mezcla sobre 1 hora, sin que llegue a hervir, y luego volver a pasar por la estameña. Usar, por cada litro de consomé, cuatro hojas de gelatina, poner al punto de sal y agregar pimienta. Cocer las gambas con agua y mucha sal, enfriarlas enseguida en hielo y pelarlas. Cortar en *brunoise* la zanahoria, el calabacín y el resto del apio, escalfar y enfriar.

Acabado y presentación

Colocar en un plato sopero la *brunoise* de verdura, el cebollino cortado fino, la gamba y el consomé. Decorar con unas hojas de lechuga.

Filetes de salmonetes de roca de Moraira con alcachofas, «risotto» de azafrán, «radicchio» y calamarcitos

***

Ingredientes (para 6 personas)

3 salmonetes de 300 g • 10 alcachofas • 8 calamarcitos • 20 g de chalotas picadas • perejil picado • mantequilla • aceite de oliva • sal gorda

Para el risotto: 20 g de chalotas picadas • 120 g de arroz • 100 ml de vino blanco • 400 ml de fondo de pollo • hebras de azafrán • mantequilla • 20 g de mascarpone • 20 g de queso parmesano • 1 unidad de *radicchio*

Para la salsa: 2 unidades de anís estrellado • 2 clavos • 2 ajos con piel • 2 ramas de canela • 1 rama de vainilla • 3 cucharadas soperas de cardamomo blanco • 2 cucharadas de café de pimienta de Sechuán • 2 cucharadas de café de pimienta de Jamaica • piel de naranja • nuez moscada • 2 ramas de citronela • 60 g de azúcar • 40 g de vinagre balsámico • 1 cucharadas de café de *curry* • 3 cucharadas de café de cúrcuma • 2 l de *fumet* • mantequilla

Elaboración

Desescamar, filetear y quitar las espinas a los salmonetes. Dorarlos por la parte de la piel. Tornear las alcachofas en redondo sacando la pelusilla. Cortarlas en triángulos pequeños y saltear en mantequilla, con las chalotas y el perejil picado. Saltear los calamarcitos en aceite de oliva y espolvorear con perejil.

Risotto: Rehogar en mantequilla las chalotas picadas, añadir el arroz y desglasear con vino blanco. Mojar con fondo de pollo y añadir las hebras de azafrán. Remover hasta que esté cocido (unos 25 minutos). Ligar con mantequilla, mascarpone y parmesano.

Por último, añadir el *radicchio,* previamente escaldado tres veces en agua.

Salsa: Tostar las especias, hacer un caramelo con el azúcar y desglasar con vinagre. Juntar con las especias y mojar con *fumet.* Dejar cocer 20 minutos. Colar y montar con mantequilla. Rectificar la condimentación.

Acabado y presentación

Hacer dos *quenelles* de *risotto* en la parte superior del plato. Disponer las alcachofas en la parte inferior y los salmonetes encima superpuestos, con la salsa alrededor.

SINFONÍA DE FRESITAS DEL BOSQUE

Ingredientes (para 6 personas)

375 g de fresitas • azúcar glas • almendras fileteadas

Para el bizcocho: 6 huevos • 100 g de azúcar • 120 g de harina • ralladura de 1 limón

Para el sabayón de naranja: 6 yemas • 15 g de azúcar • 80 g de zumo de naranja • 1 chorrito de licor de naranja
Para el sorbete de fresas: 1/2 l de pulpa de fresa • 150 g de jarabe de almíbar • zumo de limón
Para la *mousse* de fresas: 1/2 l de pulpa de fresa • 150 g de chocolate blanco • 3 hojas de gelatina • 1/2 l de nata • azúcar

Elaboración

Bizcocho: Se montan los huevos con el azúcar. Una vez montados, se le incorpora a mano la harina tamizada y, finalmente, la ralladura de limón.
Se cuece en el horno a 180 °C durante 8 minutos aproximadamente, sobre papel sulfurizado o bien en molde untado de mantequilla y harina.
Sabayón de naranja: Mezclar todos los ingredientes y batir al baño María hasta que cuaje.
Sorbete de fresas: Mezclar todos los ingredientes y triturar. Poner en la sorbetera hasta conseguir la textura deseada.
Mousse **de fresas:** Derretir el chocolate al baño María. Calentar un poco de pulpa de fresa para deshacer la gelatina. Mezclar todo y añadir la nata, previamente semimontada.

Acabado y presentación

Colocar el bizcocho en un aro, encima las fresitas lavadas y después el sabayón. Espolvorear con azúcar y gratinar en la salamandra. Decorar con almendras fileteadas.
Colocar en la parte superior del plato el sabayón de fresitas del bosque. Decorar el centro del plato con una raya horizontal de salsa de frambuesa.
En la parte inferior del plato, colocar una bola de sorbete de fresas y la *mousse* de fresas.

Hígado de pato relleno de higos, dátiles y frutos secos
Tacos de bonito con salsa de pimientos rojos y ali-oli templado
Bizcocho de zanahoria con helado de piña y «coulis» de mango al cava

Pedro Larumbe

Restaurante Pedro Larumbe
Serrano, 61
28006 Madrid
Tlfo.: 91 575 11 12   Fax: 91 576 60 19
www.larumbe.com   info@larumbe.com

Restaurante Los Cedros
Hotel Quinta de los Cedros
Allendesalazar, 4
28043 Madrid
Tlfo: 91 515 22 00   Fax: 91 415 20 50
www.quintadeloscedros.com   reservas@quintadeloscedros.com

Hígado de pato relleno de higos, dátiles y frutos secos

———

Ingredientes (para 8 personas)

500 g de hígado de pato • 250 g de mango • 50 g de dátiles • 20 g de avellanas y pistachos • azúcar glas • sal • pimienta • reducción de Pedro Ximénez

Elaboración

Separar los dos lóbulos del hígado. Dorar en una sartén. Dejar reposar 5 horas a 15 °C. Abrir el hígado por la mitad longitudinalmente, retirar las venas y restos de sangre. Salpimentar.

Colocar en una de las partes el mango, los dátiles y los frutos secos, previamente caramelizados. Tapar con la otra parte.

Envolver en papel *film*, apretar bien y dejar en la cámara 2 horas a 6 °C.

Cortar en láminas y acompañar de una reducción de Pedro Ximénez.

TACOS DE BONITO CON SALSA DE PIMIENTOS ROJOS Y ALI-OLI TEMPLADO

Ingredientes (para 8 personas)

1 k y 1/2 de bonito limpio en lomos • 2 pimientos rojos • 1/2 limón • 1 cucharadita de glucosa • 1 diente de ajo • 1.500 ml de aceite de oliva virgen extra • 1 yema de huevo • 120 g de pasta negra de sepia • perifollo • sal

Elaboración

Salsa de pimiento rojo: Licuar el pimiento y añadir una cucharadita de glucosa y el zumo de medio limón. Salpimentar y reservar en frío.

Ali-oli templado: Confitar el ajo en aceite a 85 °C y montar en la thermomix con una yema de huevo y aceite de oliva. Poner a punto de sal.

Bonito: Limpiar bien los lomos de bonito y cortar en bastones de 2 centímetros de ancho y 6 de largo.

En una sartén a fuego vivo asar el bonito durante 2 minutos, observando que se hagan por igual las cuatro caras y que el interior quede poco hecho. Apartar rápidamente y cortar en cubos.

Acabado y presentación

Disponer sobre el plato una cucharada de salsa de pimiento y otra de ali-oli, colocar el bonito junto con un ovillo de pasta de sepia y decorar con perifollo.

BIZCOCHO DE ZANAHORIA CON HELADO DE PIÑA Y «COULIS» DE MANGO AL CAVA

Ingredientes (para 8 personas)

Para el bizcocho de zanahoria: 400 g de zanahoria rallada • 5 claras • 60 g de azúcar • 150 g de mantequilla en pomada • 50 g de azúcar moreno • 5 yemas • 200 g de almendra en polvo • 30 g de pasas • 40 g de almendra fileteada

Para el helado de piña: 1 k de piña • 1 l de azúcar invertido • 1 l de nata

Para el coulis de mango: 1 mango • 1 copa de cava

Otros: azúcar glas • 1 hoja de tomillo fresco

Elaboración

Bizcocho de zanahoria: Montar la mezcla de la mantequilla en pomada y el azúcar moreno, y añadir las yemas una a una. A continuación, echar a la mezcla la zanahoria, las almendras en polvo y las pasas. Montar las cinco claras y el azúcar a punto de nieve y agregar también a la mezcla anterior. Enmoldar y colocar las almendras fileteadas en la superficie de la masa. Hornear a 180 ºC durante 30 minutos.

Helado de piña: Mezclar todos los ingredientes y triturar. Colarlo bien. Poner en la sorbetera hasta conseguir la textura deseada.

Coulis **de mango:** Se saca la pulpa del mango y se pone en el vaso de la thermomix, se añade una copa de cava y se pasa todo bien. Después, se pasa también por un chino fino.

Acabado y presentación

Se corta el bizcocho en forma rectangular y en trozos no muy finos (unos 3 centímetros) y se coloca al lado de una bola de helado de piña. Se espolvorea el bizcocho con azúcar glas. Se dibujan unas líneas con el *coulis* de mango y cava y se termina decorándolo con una hoja de tomillo fresco.

Francisco Monje

Restaurante O'Pazo
Reina Mercedes, 20
28020 Madrid
Tlfos.: 91 534 37 48/91 553 23 33

SOPA DE PESCADO Y MARISCO

Ingredientes (para 6 personas)
1 cebolla • 1 zanahoria • 1 puerro • 1 vaso de vino blanco • 1/4 de k de tomate hecho • aceite • sal • 6 cigalas pequeñitas • 12 gambas • 12 almejas • 3/4 de k de rape

Elaboración
Picar muy fino la cebolla, el puerro y la zanahoria. Poner en un recipiente con aceite, rehogar y, cuando está dorado, agregar el vino y el tomate y dejar reducir durante 15 minutos. Pasar por la turmix y preparar un caldo. Después, trocear el rape junto con las gambas, cigalas y almejas, saltear y agregar al caldo que hemos hecho anteriormente. Se pone a cocer durante 10 minutos. Se sirve muy caliente.

BESUGO EL PESCADOR

***

Ingredientes (para 6 personas)

5 besugos de 1 k • 6 dientes de ajo • 1 guindilla • 100 ml de aceite • sal • unas gotas de vinagre

Elaboración

Limpiar bien los besugos, abrirlos de arriba abajo, quitarles la espina central y sazonar. Poner el besugo en la plancha, untado de aceite, y darle la vuelta hasta que la piel esté bien tostada. Sacar a una fuente y, mientras tanto, pelar los ajos y cortarlos en rodajas junto con la guindilla. Se fríen los ajos y la guindilla con un poco de aceite, se añaden unas gotas de vinagre y se rocía el besugo por encima. Servir recién hecho.

FILLOAS RELLENAS

***

Ingredientes (para 6 personas)

Para las filloas: 1 huevo • 100 g de harina • 1/2 vaso de agua • canela molida • sal • un trozo de tocino

Para la crema pastelera: 2 huevos • 150 g de azúcar • 1/2 l de leche • 50 g de harina • 1 piel de limón

Elaboración

Filloas: Batir el huevo, mezclar con la harina y añadir el agua y la sal. El resultado es una pasta líquida, que se pasa por un colador.

Poner una sartén al fuego, que no esté muy caliente, y untar con el tocino. A continuación, echar tres cucharadas soperas de la pasta anteriormente elaborada. Cuando está cuajada, se da la vuelta, se mantiene unos 20 segundos y se saca.

Crema pastelera: Poner la leche a hervir con la piel del limón. Mezclar los huevos, el azúcar y la harina, añadir la leche caliente y poner al fuego, sin dejar de mover con una varilla hasta que la crema esté hecha.

Acabado y presentación

Se extienden las fillo as y se untan de crema pastelera. Después, se enrollan y se fríen en una sartén con el aceite bien caliente. Se mezclan el azúcar y la canela, y se espolvorean las fillo as con la mezcla.

Rafael Morales

Restaurante La Alquería
Virgen de las Nieves, s/n
41800 Sanlúcar la Mayor
Sevilla
Tlfo.: 95 470 33 44   Fax: 95 570 34 10
haciendabenazuza@hotmail.com

CIGALAS A LA TAILANDESA

Ingredientes (para 4 personas)

Para el aceite de jengibre: 100 g de jengibre fresco • 150 g de aceite de girasol

Para la esencia de cigalas: 8 cigalas de 100 g • aceite de girasol

Para las colas de cigala: 8 colas de cigala

Para la esponja de coco: 400 ml de agua • 180 g de coco en polvo soluble

Para el picadillo tailandés: 2 g de albahaca fresca • 2 g de cilantro fresco • 2 g de jengibre fresco • 2 g de aceite de jengibre • 1 rama de citronela

Para la salsa de cigala y jengibre: 80 g de esencia de cigalas (elaboración anterior) • 30 g de aceite de jengibre (elaboración anterior) • sal

Para la *nube* de agua: 350 g de agua • 3 hojas y 1/2 de gelatina de 2 g (previamente rehidratadas en agua fría)

Para los *maken thai* merengados: 16 *maken thai* • la *nube* de agua (elaboración anterior)

Otros: 1 lima rallada • 12 g de pasta de tamarindo en una manga pastelera • 2 g de *curry* en polvo • sal • aceite de girasol

Elaboración

Aceite de jengibre: Cortar el jengibre fresco en trozos irregulares pequeños. Cubrir con aceite de girasol. Tapar la piel con un papel de horno. Confitar durante 8 horas a 70 °C. Dejar macerar un mínimo de 12 horas en la nevera y colar.

Esencia de cigalas: Descabezar las cigalas y guardar las colas. Saltear las cabezas con un poco de aceite de girasol durante 1 minuto y 1/2. Deben quedar jugosas pero no cocidas. Prensar con los dedos una a una las cabezas salteadas, para extraer todo el jugo interior. Pasar por un colador dicho jugo, presionando con una cuchara. Guardar en la nevera.

Colas de cigala: Pelar las colas y extraer el intestino.

Esponja de coco: Poner el agua a calentar en un cazo y disolver el coco en polvo. Introducir la mezcla en un recipiente metálico redondo de 20 centímetros de diámetro y 25 de altura. Calentar a 50-70 °C y mantener a dicha temperatura.

Picadillo tailandés: Picar todas las hierbas por separado bien pequeñas. Mezclar las hierbas con el aceite de jengibre y remover para que queden bien impregnadas de aceite y bien mezcladas.

Cortar la citronela en diagonal en unas láminas de 0,1 centímetros. Guardar entre papel humedecido. Untar cada cigala con el picadillo tailandés por la parte superior y disponer encima tres láminas de citronela. Dejarlas macerar durante tres cuartos de hora aproximadamente.

Salsa de cigala y jengibre: Cortar la esencia con el aceite de jengibre. Poner a punto de sal.

Nube de agua: Poner a enfriar a 1 °C en el congelador las tres cuartas partes del agua. Calentar el agua restante y disolver la gelatina. Dejar enfriar en la nevera sin que llegue a cuajar. Cuando comience a cuajar introducir en el recipiente de la montadora, previamente enfriado, y montar con las varillas a media velocidad.

Cuando se empiece a formar espuma ir añadiendo poco a poco el resto del agua. Incrementar la velocidad. Trabajar hasta que quede bien montado. Debe adquirir una consistencia como la de las claras a punto de nieve.

Maken thai **merengados:** Cocer los *maken thai* en agua hirviendo por espacio de 3 minutos. Pelarlos.

Napar los *maken thai* con las manos en la *nube* de agua hasta obtener bolas de aspecto merengado.

Depositar en una bandeja con papel siliconado y guardar en la nevera durante 15 minutos para bloquear la *nube*.

Acabado y presentación

En un plato hondo grande, partiendo de la parte superior hacia el centro, dibujar radialmente cuatro líneas de pasta de tamarindo, con una separación de 1,5 centímetros en el extremo superior y de 0,7 centímetros en el extremo de la línea que coincide con el centro del plato.

Repartir entre las líneas de tamarindo un poco de ralladura de lima y espolvorear un poco de *curry* en polvo. Marcar las cigalas con un poco de aceite de oliva de 0,4° durante unos 5 segundos por cada lado. El punto de cocción ha de ser poco hecho. Retirar del fuego y sacar las láminas de citronela de las cigalas.

Emulsionar la leche de coco para la esponja con la turmix, accionando en la superficie para introducir la máxima cantidad de aire y formar una espuma que llamaremos esponja. Emplatar las cigalas en la parte interior del plato. Poner una cucharada sopera de esponja de coco en el centro del plato con los cuatro *maken thai* alrededor.

Acabar napando las cigalas con la salsa de esencia y el aceite de jengibre.

Pechuga de canetón con sal de algas y zamburiñas vegetales

Ingredientes (para 4 personas)

Para las pechugas de canetón: 2 canetones de 800 g

Para el fondo de canetón: 500 g de osamentas de canetón • 150 g de cebolla • 150 g de zanahoria • 150 g de puerro • 60 g de tomate maduro • 1.000 g de vino tinto • 40 g de azúcar • 60 g de aceite de oliva de 0,4° • 2 l y 1/2 de agua

Para la sal de algas: 10 g de alga nori fresca en sal • 4 g de sal Maldon • 4 g de sal gris

Para el sésamo frito: 15 g de sésamo blanco • 25 g de aceite de girasol

Para las zamburiñas vegetales: 500 g de nabo daycon • sal

Para la ensalada de algas: 50 g de alga dulce fresca • 50 g de alga nori fresca • 100 g de brotes de espinacas • 50 g de brotes de soja

Para la vinagreta de cuajada: 1 cuajada • 50 g de aceite de sésamo

Para la salsa de canetón: 100 g de fondo de canetón (elaboración anterior) • 50 g de aceite de sésamo • sal • maicena exprés

Otros: aceite de oliva de 0,4° • sal

Elaboración

Pechugas de canetón: Limpiar el canetón separando los muslos y las pechugas. Cortar las alas, el cuello y el resto de la osamenta. Guardar los muslos para otro plato. Reservar las pechugas.

Utilizar el resto del canetón para el fondo.

Fondo de canetón: Juntar el vino tinto con el azúcar y poner a reducir a la mitad. Guardar para desglasar las bandejas donde se han tostado las osamentas.

Limpiar las osamentas de canetón, quitándoles toda la grasa posible y los despojos. Trocear en pedazos irregulares las osamentas, poner en el horno a 180 °C a tostar. Remover de vez en cuando para que se doren uniformemente.

Desgrasar por completo y desglasar con el vino preparado anteriormente, mover bien para recuperar todos los jugos.

Trocear la cebolla, la zanahoria y el puerro en trozos pequeños. Poner a dorar en el horno con un poco de aceite a 150 °C. Una vez se empiecen a dorar uniformemente, añadir el tomate troceado a cuartos. Continuar la cocción hasta que el tomate haya perdido su agua y las verduras tengan un color tostado.

Juntar todos los ingredientes en una olla. Cubrir con el agua fría y poner a cocer a fuego medio. Espumar continuamente.

Una vez arranque a hervir, bajar el fuego, de modo que hierva poco a poco durante 3 horas. Colar y dejar enfriar para que se solidifique la grasa, y extraerla. Reducir hasta conseguir un fondo sabroso y consistente. Pasar por una estameña.

Sal de algas: Sacudir el alga nori para quitarle la sal gorda que tenga. Preparar una mezcla de dos partes de alga por una de sal y picar hasta obtener una especie de polvo bien fino.

Sésamo frito: Poner el aceite y el sésamo a freír, partiendo de frío y a fuego suave. Ir removiendo y retirar del fuego cuando haya adquirido un bonito color dorado.

Ensalada de algas: Sacudir las algas para quitar la sal gorda. Guardar la sal para la elaboración de la sal de algas. Poner en remojo las algas 5 segundos para hidratar un poco y eliminar el exceso de sal. Escurrir y cortar en trozos de 3 centímetros aproximadamente. Limpiar los brotes de espinacas con agua, separando los más tiernos para la ensalada. Quitar la parte inferior de los brotes de soja.

Vinagreta de cuajada: Romper la textura de la cuajada pasándola por un colador y añadir el aceite de sésamo. Remover hasta obtener una vinagreta cortada.

Salsa de canetón: Ligar el fondo de canetón con maicena. Ha de tener la densidad suficiente para poder napar. Colar, poner a punto de sal y cortar con el aceite de sésamo.

Acabado y presentación

Salar ligeramente y dorar, a fuego medio y sin aceite, las pechugas de canetón por la parte de la piel durante 3 minutos aproximadamente. Dar la vuelta y marcar unos 4 minutos más por la parte de la osamenta. Retirar de la sartén y envolver en papel de aluminio. Dejar reposar 10 o 15 minutos.

Dorar las zamburiñas vegetales unos 20 segundos por ambos lados con un poco de aceite. Saltear los brotes de soja y de espinacas aproximadamente 5 segundos con un poco de aceite y poner a punto de sal.

Mezclar los brotes de espinacas y los de soja con un poco de algas. Formar un *bouquet* con volumen, alternando el colorido de los ingredientes; colocar en el extremo contrario de la ensalada en el plato. Calentar el plato en la salamandra durante 10 segundos. Quitar la piel y esparcir la sal de algas sobre la pechuga.

Poner un poco de sésamo frito sobre las zamburiñas vegetales. Napar la pechuga de canetón con la salsa bien caliente y hacer un cordón alrededor. Remover la vinagreta de cuajada y aliñar con ella el *bouquet* de ensalada; poner también un poco alrededor de la pechuga. Se puede realizar la misma receta con *foie-gras* de pato en sustitución de la pechuga de canetón.

BRAZO HELADO DE MANGO Y VAINILLA

———

Ingredientes (para 4 personas)

Para el puré helado de mango: 250 g de puré de mango • 60 g de glucosa • 1 hoja de gelatina de 2 g (previamente rehidratada en agua fría)

Para el helado de vainilla: 375 g de leche • 50 g de nata líquida con 35% de materia grasa • 15 g de leche en polvo desnatada • 15 g de dextrosa • 3 g de estabilizante para helados • 50 g de azúcar • 3 vainas de vainilla • 20 gr de glucosa

Para la salsa de yogur: 125 g de yogur griego • 15 g de azúcar

Para la reducción de vinagre: 100 g de vinagre de cabernet-sauvignon • 20 g de glucosa

Para el jarabe base: 25 g de azúcar • 25 g de agua

Para el agua de albahaca: 200 g de albahaca fresca • 200 g de agua

Para la gelatina de albahaca: 225 g de agua de albahaca (elaboración anterior) • 25 g de jarabe base (elaboración anterior) • 1 hoja y 1/2 de gelatina de 2 g (previamente rehidratadas en agua fría)

Para el caramelo oscuro: 125 g de *fondant* • 60 g de glucosa

Para la ensalada de hierbas: 8 ramitas de perifollo fresco • 8 hojitas de cilantro fresco • 8 hojitas de menta fresca • 8 hojitas de albahaca fresca • 8 ramitas de hinojo fresco • 8 hojitas de estragón fresco • 4 pétalos de rosa

Otros: 1 bandeja metálica llena de hielo

Elaboración

Puré helado de mango: Calentar una pequeña parte del puré de mango a 50 ºC con la glucosa y disolver la hoja de gelatina. Añadir el resto del puré de mango. Extender sobre un papel *film* un cuadrado de puré de mango de 10 x 10 centímetros y de 0,3 centímetros de grosor, que estará a su vez sobre una transparencia. Congelar a –20 ºC.

Helado de vainilla: Abrir las vainas de vainilla longitudinalmente y raspar el interior con una puntilla a fin de extraer las semillas. Poner en un cazo la leche, las vainas sin semilla y la nata. Hervir y dejar infusionar 5 minutos. Añadir luego la leche en polvo, el azúcar, el estabilizante, la dextrosa y la glucosa. Calentar sin parar de remover hasta que alcance una temperatura de 85 ºC y retirar del fuego. Pasar la mezcla por un colador y dejar madurar en la nevera 8 horas. Agregar las semillas de vainilla, que tendremos reservadas, y pasar por la sorbetera.

Salsa de yogur: Mezclar el azúcar con el yogur hasta que se disuelva.

Reducción de vinagre: Hervir la glucosa con el vinagre hasta que la mezcla adquiera la textura de caramelo líquido.

Jarabe base: Mezclar el azúcar y el agua y levantar el hervor.

Agua de albahaca: Seleccionar las hojas de albahaca, escaldarlas en agua hirviendo unos 10 segundos y enfriarlas en agua con hielo. Triturar las hojas con el agua en el vaso americano. Pasar el agua de albahaca resultante por un colador muy fino y reservar el líquido obtenido.

Gelatina de albahaca: Calentar el jarabe base a 50 ºC y disolver la gelatina. Añadir el agua de albahaca y dejar cuajar en la nevera.

Caramelo oscuro: Preparar un caramelo de un color oscuro intenso; dejar enfriar. Poner entre dos *silpats* al horno a 170 ºC durante 5 minutos. Retirar del horno y estirar con un rodillo hasta conseguir una placa fina. Romper a trozos pequeños irregulares.

Acabado y presentación

Separar el puré helado de mango de la transparencia (encima del reverso de la bandeja de hielo). Extender encima del puré el helado de vainilla, dejar atemperar unos segundos y envolver en forma de canelón. En el momento del pase, salsear con el yogur en la base del plato; disponer trozos irregulares de caramelo oscuro encima del canelón de mango.

Emplatar el canelón de mango y terminar repartiendo por el plato la ensalada de hierbas, la gelatina de albahaca y la reducción de vinagre.

Pedro Morán

Restaurante Casa Gerardo

Carretera Avilés, AS-19, km 9

33438 Prendes

Asturias

Tlfo.: 985 88 77 97   Fax: 985 88 77 97

Almejas a la marinera (de otra manera)

Ingredientes (para 8 personas)

2 k de almejas de cuchillo (fina) • 2 k de almeja babosa • 4 ajos • 1 guindilla • perejil picado • 60 g de harina • agua caliente • sal • un chorro de aceite de ajo

Elaboración

Freír los ajos con la guindilla y retirar.

Echar la harina y freírla un poco, sin que se queme ni cambie de color, sólo para quitarle el sabor a espesante.

Lavar bien las almejas babosas y agregarlas a la vez que el perejil picado.

Freír un buen rato las almejas, sin parar de mover para que no se queme la harina.

Seguidamente, añadir el agua caliente atendiendo a la cantidad de almejas y cocer hasta que sólo quede el agua natural de las almejas; es una gran reducción (de 1 litro quedan 400 cl). Comprobar de sal y rectificar. Colar y reservar.

Acabado y presentación

Al pase, abrimos en la plancha, con un chorro de aceite de ajo, las almejas de cuchillo. Colamos la salsa verde, limpia y brillante, en un plato hondo, calculando la salsa justa para que sea el aliño perfecto de esa almeja, cruda pero caliente, que sale de la plancha.

«PITU» CON FRESAS

Ingredientes (para 2 personas)

Para la vinagreta de fresas: 100 g de fresas • 35 g de vinagre de arroz • 50 g de aceite de oliva • 50 g de zumo de naranja • pimienta verde • sal • azúcar

Para el *pitu* asado: 100 g de pechuga o muslo deshuesado • 30 g de cebolla pochada • sal • pimienta • orégano (bastante)

Para la reducción de vino: 100 g de vino tinto • 10 g de sidra • 150 g de jugo de carne

Elaboración

Vinagreta de fresas: Trocear las fresas y preparar la vinagreta.

***Pitu* asado:** Adobar con sal, pimienta, orégano y aceite. Envasar y poner en la Roner 4 horas y 1/2 a 65 °C y después 10 minutos a 65 °C.

Reducción de vino: Poner en una cazuela el vino tinto, la sidra y el jugo de carne. Reducir la mezcla.

Acabado y presentación

Una vez pasado por la Roner el *pitu*, marcarlo en la plancha y presentarlo poniendo la costra de la plancha hacia arriba. Salsear con la reducción de vino y poner de guarnición las fresas.

Capuchino de naranja y mango

Ingredientes (para 5 personas)

Para las frutas: 100 g de naranja • 100 g de papaya • 100 g de azúcar • 60 g de zumo de naranja reducido • pimienta • sal

Para la grasa de vainilla: 100 g de nata líquida • 25 g de azúcar • 1 rama de vainilla raspada

Para el helado de mango y aceite de sésamo: 1 l de puré de mango • 100 g de aceite de oliva • 250 g de azúcar • 50 g de glucosa • 15 g de aceite de sésamo

Elaboración

Frutas: Hacer una macedonia ligada con el zumo reducido.

Grasa de vainilla: Cocer todo junto hasta que hierva. Al enfriar montar ligeramente la nata.

Helado de mango y aceite de sésamo: Mezclar los ingredientes. Pasar por la thermomix y a la sorbetera.

Acabado y presentación

En vaso de chato de vino colocar las frutas y encima la grasa de vainilla. Acabar con el helado de mango.

Perdiz escabechada
Carrillada de ternera con patatas rellenas y gratinadas al horno
Bizcocho glaseado con chocolate blanco y negro

María José Moreno /
Encarnación Tornero

Restaurante Mesón de Pincelín
Las Norias, 10
02640 Almansa
Albacete
Tlfos.: 967 34 00 07/967 34 54 27   Fax: 967 34 00 07/967 34 54 27

Perdiz escabechada

Ingredientes (para 2 personas)

2 perdices • 6 hojas de laurel • 2 cabezas de ajos duros • 50 g de pimienta negra en bolitas • 50 g de pimienta blanca molida • 50 g de sal • 3/4 de l de aceite de oliva • 1/4 de l de vinagre de vino • 1/4 de l de agua

Elaboración

Se sazonan las perdices con pimienta y sal, se introducen en un cazo con los ajos duros, el laurel, las bolas de pimienta, el agua, el aceite y el vinagre. Se pone a hervir a fuego lento durante 2 horas.

CARRILLADA DE TERNERA CON PATATAS RELLENAS Y GRATINADAS AL HORNO

_____

Ingredientes (para 2 personas)

1 k de carrillada de ternera • 2 o 3 cebollas • 3 ajos duros • 2 hojas de laurel • 1/2 pimiento verde • 1/2 pimiento rojo • 2 carlotas • una copita de vino tinto • 2 patatas • una cucharada sopera de ali-oli • 1/4 l de nata líquida • una cucharada sopera de sal • una cucharada sopera de pimienta molida • 1/4 l de aceite

Elaboración

Salpimentar las carrilladas, dorar e introducir en una olla. En una sartén sofreír las cebollas troceadas, los pimientos, unos ajos duros pelados y las carlotas, y añadir en la olla, una vez se ha pasado todo por el pico chino; agregar unas hojas de laurel y una copita de vino tinto.

Patatas rellenas: Cocer las patatas enteras, partir por la mitad y vaciar en un cazo. Reservar las patatas vacías con la piel. Mezclar la nata líquida, el relleno de las patatas cocidas, sal, pimienta y ali-oli, y pasar por el pasapuré. Con una manga pastelera rellenar las patatas con piel reservadas y gratinar al horno.

BIZCOCHO GLASEADO CON CHOCOLATE BLANCO Y NEGRO

_____

Ingredientes (para 6 personas)

Para el bizcocho: 150 g de huevos • 210 g de azúcar • 200 g de mantequilla • 125 g de cobertura negra al 64% de cacao • 100 g de harina floja

Para el chocolate blanco y negro: 100 g de chocolate blanco • 100 g de chocolate negro • 50 g de nata líquida

Elaboración

Bizcocho: Fundir la mantequilla y añadir la cobertura fundida. Batir los huevos con el azúcar, mezclar los dos batidos y añadir la harina, tamizada con cuidado. Poner en el molde y cocer a 160°C durante 30 minutos.

Chocolate blanco y negro: Se pone a calentar la nata y cuando está caliente se añade el chocolate y se deshace. Con el chocolate blanco se hace lo mismo.

Acabado y presentación

Cubrir el bizcocho con el chocolate blanco y negro.

Moncho Neira

Restaurante Botafumeiro

Gran de Gràcia, 81

08012 Barcelona

Tlfos.: 93 218 42 30/93 217 96 42   Fax: 93 415 58 48

VIEIRAS CON PURÉ DE PATATAS AL ACEITE DE ARBEQUINA

Ingredientes (para 1 persona)

3 vieras limpias sin la concha y abiertas por la mitad • 100 ml de aceite de oliva arbequino • 30 g de harina • 3 g de sal • 1 g de pimienta blanca • 3 cucharadas soperas de puré de patata • 1 diente de ajo • 1 *bouquet* de patatas cerilla, cortadas bien finas

Elaboración

Sazonar las vieiras con sal y pimienta y pasarlas por harina. Freírlas un poco en una sartén hasta que queden doraditas pero jugosas. Cuando están casi fritas se les añade un poco de ajo picado. Freír las patatas cerilla crujientes en la freidora.

Acabado y presentación

En el centro del plato servir un poco de puré de patata, regado con un poquito de aceite arbequino, encima distribuir las vieiras con un poquito de ajo frito y las patatas cerilla.

MERO A LA CEBOLLA TIERNA

Ingredientes (para 1 persona)

250 g de mero • 2 g de sal • 1 g de pimienta blanca • 100 g de cebollita tierna cortada en juliana • 100 g de champiñones laminados • 1 cucharada sopera de jerez seco • 1 cucharada sopera de cabernet-sauvignon • 1 cucharada sopera de jugo de carne

Elaboración

Sazonar el mero con sal, pimienta y jugo de carne, ponerlo en una bandeja de horno con aceite de oliva, la cebollita y los champiñones, añadir un poco de jerez seco y vinagre de cabernet-sauvignon, ponerlo al horno a 180 °C durante unos 15 minutos.

Acabado y presentación

Se saca del horno y se le pone encima la cebollita tierna, los champiñones y se rocía con el jugo del pescado.

CREMA «BRULÉ» CON GUINDAS MACERADAS Y PEDRO XIMÉNEZ

Ingredientes (para 10 personas)

Para la crema *brulé* **con guindas maceradas:** 500 g de nata líquida • 500 g de leche • 10 yemas • 200 g de azúcar • 3 guindas • 5 g de vainilla
Para la gelatina de Pedro Ximénez: 120 g de azúcar • 80 g de agua • 200 g de Pedro Ximénez • 4 hojas de gelatina
Otros: 100 g de trocitos de pistacho • 100 g de frambuesas

Elaboración

Crema *brulé* **con guindas maceradas:** Hervir la leche y la nata. Aparte mezclar las yemas con el azúcar y la vainilla.
Mezclar todo y poner cazuelitas con las 3 guindas maceradas dentro. Cocer a 100 °C en el horno unos 30 minutos hasta que se vea cuajado en el centro. Dejar enfriar en la nevera 3 horas.
Gelatina de Pedro Ximénez: Hervir el azúcar con el agua. Mezclarle la gelatina remojada en agua fría y escurrida. Después añadir el Pedro Ximénez. Poner en un molde y congelar.

Acabado y presentación

Poner la cazuelita en medio de un plato, a los lados cortar dados de la gelatina y esparcirlos con los trozos de pistacho y frambuesa. Encima de la cazuelita poner 3 guindas.

Manuel de la Osa

Restaurante Las Rejas

General Burreros, 49
16660 Las Pedroñeras
Cuenca
Tlfo.: 96 716 10 89   Fax: 96 716 21 68
www.lasrejas.net   reslasrejas@terra.es

SOPA FRÍA DE AJO DE LAS PEDROÑERAS

Ingredientes (para 4 personas)

4 huevos de corral • 1 l de caldo de cocido • 100 g de jamón serrano • 50 g de pan • 2 dientes de ajo • 1 ramita de perejil

Elaboración

Se escalfan los huevos, se les quita la clara y se depositan en el fondo de una copa (uno por persona). El caldo de cocido, gelatinoso una vez enfriado, se coloca encima. El jamón en lascas se fríe a fuego vivo hasta que quede crujiente y se añade al caldo junto con unos tropezones de pan tostado.

Se fríen a fuego vivo unas láminas de ajo, que se incorporan a la copa junto con el perejil, previamente licuado.

Lechona confitada con patata y trufa

Ingredientes (para 10 personas)
1 cerda lechal de 4 k y 1/2 • 2 l de aceite de oliva • 1 k de manteca de cerdo • sal • canela • tomillo • romero • 3 dl de jugo de cerdo • 3 patatas • aceite de hongos y ajo • 1 trufa • 1001 noches

Elaboración
Desangrar la lechona en agua 24 horas antes. Secarla bien y trocearla al gusto. Sazonar y poner a confitar en aceite y manteca, con los aromáticos, hasta que esté confitada, durante un espacio de 3 horas aproximadamente.
Cubrir las patatas de sal gorda e introducir en el horno hasta que se asen. Una vez asadas, limpiarlas y montarlas en la thermomix con aceite de hongos y ajo.
Limpiar la trufa y espolvorearla por encima del puré a la hora de servir. Aromatizar el jugo de cerdo con 1001 noches y ponerlo a punto de sal.

Acabado y presentación
En el plato caliente formar una *quenelle* de patatas y echar la trufa por encima. Semimontar la lechona y espolvorear con 1001 noches. Terminar salseando con el jugo de cerdo.

CHOCOLATE CON AZAFRÁN

Ingredientes (para 10 personas)

Para la crema de azafrán: 250 g de leche • 750 g de nata • 180 g de azúcar • 2 g de azafrán • 1 cucharada sopera de ralladura de naranja • 9 yemas de huevo • 1 cucharada sopera de ron añejo 7 años • 1 cucharada sopera de Grand Manier

Para el helado de chocolate: 600 g de leche • 400 g de nata • 100 g de azúcar • 4 yemas • 30 g de glucosa • 25 g de leche en polvo • 200 g de cobertura de chocolate

Elaboración

Infusionar la leche, la nata, el azúcar y el azafrán. Dejar reposar 24 horas. Añadir las yemas, la ralladura de naranja, el ron y Grand Manier. Hornear a 90 °C vapor tapado 40 minutos.

Mezclar la leche con la nata; una vez templada, añadir la leche en polvo, el azúcar y la glucosa.

Cuando todo se haya disuelto añadir las yemas, subir a 85 °C, verter sobre la cobertura de chocolate y colar con mucho cuidado.

Enfriar rápidamente a 4 °C y reposar la mezcla 4 horas. Montar el helado en sorbetera.

Acabado y presentación

En un plato poner una cucharada de la crema de azafrán, cuajada y fría, y el helado de chocolate.

Francis Paniego

Restaurante Echaurren
Héroes del Alcázar, 2
26280 Ezcaray
La Rioja
Tlfo.: 941 35 40 47   Fax: 941 42 71 33
www.echaurren.com   info@echaurren.com

CIGALA CON «TARTAR» DE TOMATE Y AJOBLANCO

Ingredientes (para 6 personas)

Para el tartar: 100 g de tomate en dados • 25 g de dátiles picados en *brunoise* • 250 ml de aceite de oliva virgen • 1/2 cebolla en juliana muy tostada • 1/2 manojo de cebollino picado • un chorrito de salsa Perrins • sal fina al gusto

Para la reducción de vinagre: 1 l de vino tinto • 1/4 de l de vinagre de vino blanco • 500 ml de jerez Tío Pepe • 100 g de azúcar

Para el ajoblanco: 300 g de almendra entera • 3/4 de l de agua • 600 g de aceite de girasol • 2 dientes de ajo sin germen • 3 rebanadas de pan frito • sal y vinagre de jerez • 100 ml de aceite de oliva virgen

Otros: una cigala pelada y sin tripa • una hoja de acelga roja • una ralla de reducción de vinagre balsámico

Elaboración

Tartar: Mezclar todos los ingredientes del *tartar*, dejar reposar y enfriar 2 horas.

Ajoblanco: Triturar todos los ingredientes en la thermomix y colar por la estameña.

Reducción de vinagre: Poner a cocer todos los ingredientes para que reduzcan, hasta alcanzar el punto deseado. Reservar en un biberón.

Acabado y presentación

Colocar una *quenelle* de *tartar* en el centro de un plato sopero o bandeja. Sobre el *tartar* poner la cigala, aderezada con sal Maldon y cebollino picado, la ralla de reducción y la hojita de acelga roja. Servir el ajoblanco al final.

MERLUZA A LA ROMANA CONFITADA A 45º, SOBRE PIMIENTOS ASADOS Y SOPA DE ARROZ

_____

Ingredientes (para 4 personas)

180 g por persona de lomo alto con falda

Para los pimientos asados: 4 pimientos rojos

Para la sopa de arroz: 100 ml de aceite de oliva • 1 cebolla • 1 diente de ajo • 1 zanahoria • 200 g de arroz • 1/2 l de caldo suave de pollo

Elaboración

Merluza: Cortar la merluza y envolverla. Cortar las partes sobrantes, sazonar y pasar por harina y sal. Freír primero a fuego fuerte unos segundos para que se dore por fuera, y luego sumergirla unos 5 minutos en el aceite a 45 °C o 50 °C.

Sopa de arroz: Rehogar la cebolla, con el diente de ajo y la zanahoria sin que lleguen a dorarse. Añadir el arroz y saltearlo un poco para que suelte el almidón. Mezclar el caldo de ave, dejar cocer 25 minutos, rectificar de sal y pasar por la thermomix y por el fino.

Pimientos fritos: Escoger unos pimientos tipo de cristal y freírlos en la sartén, primero a fuego lento y luego a fuego fuerte. Dejar enfriar tapados y pelar a continuación.

Al preparar el plato, colocar los pimientos en tiras, sazonados con sal fina, y poner encima el lomo.

Acabado y presentación

Emplatar colocando los pimientos primero, encima poner la merluza, con un poco de sal Maldon. Acabar sirviendo un poco de crema de arroz con una jarrita.

FRESAS, PAN Y QUESO CON CREMA DE LECHE

———

Ingredientes (para 8 personas)

Para la crema de leche: 50 g de harina • 50 g de maicena • 200 g de azúcar • 1 l de leche • una rama de canela • una piel de limón

Para la espuma de queso: 1/2 l de leche • 1 k de queso Philadelphia • 50 g de azúcar • 6 hojas de gelatina • 1/2 l de nata • 50 g de azúcar • 250 g de clara • 25 g de azúcar

Para la gelatina de vinagre: 8 litros de vino tinto • 2 litros de vinagre • 100 g de azúcar • 12 hojas de gelatina

Otros: pan cortado en láminas • azúcar glas • canela en polvo • 1/2 k de fresas

Elaboración

Crema de leche: Aromatizar la leche con la canela y el limón, añadir el azúcar, la harina y la maicena. Cocer y tamizar.

Espuma de queso: Cocer el queso con la leche y 50 gramos de azúcar, atemperar y añadir la gelatina.

Mezclar la nata montada con otros 50 gramos de azúcar, y las claras con 25 gramos de azúcar. Juntar todo y dejar enfriar.

Gelatina de vinagre: Cocer el vino, el vinagre y el azúcar durante unos 20 minutos, para que se evaporen los alcoholes. Dejar atemperar un poco y añadir la gelatina. Dejar enfriar y cortar en dados pequeñitos.

Pan: Cortarlo en la cortadora de fiambre y colocar las láminas en un *silpat;* espolvorear con azúcar glas y canela en polvo. Hornear 15 minutos a 100 °C.

Acabado y presentación

Colocar en el plato un poco de crema de queso e intercalar lámina de pan, crema de queso, lámina de pan, fresas laminadas y pan. Alrededor, colocar unos dados de *gelée* de vinagre.

Xavier Pellicer

Restaurant Abac

Rec, 79

08003 Barcelona

Tlfo.: 93 319 66 00   Fax: 93 319 45 19

www.restaurantabac.biz   abac12@telefonica.net

«Tartar» de buey de mar, aguacate y caviar

Ingredientes (para 4 personas)

2 bueyes de mar de 600 g • 1 aguacate • 6 champiñones de París • zumo de limón • 1 escalonia • 4 cucharadas pequeñas de caviar • hierbas picadas: ajipuerro, perejil • sal de Guerande • pimienta • polvo de pimiento del piquillo • aceite de hierbas • caldo corto • aceite • vinagre y mostaza • 1 cucharada de caviar

Elaboración

Se hierven los bueyes de mar. Por cada 800 gramos tendrán que cocer unos 14 minutos. Cuando estén cocidos, se refrescan con agua y hielo y se retira la carne de dentro.

Para hacer la vinagreta, se ponen mostaza, sal, pimienta y vinagre en un bol. Se mezclan y se añade aceite.

Para preparar la guarnición, se pican los champiñones y el aguacate. Se ponen en un bol, se añaden unas gotas de zumo de limón y la vinagreta. Una vez mezclado, se incorporan las hierbas, el polvo de pimiento del piquillo, la sal y la escalonia picada.

A continuación, se ponen la carne de buey de mar y el resto de la vinagreta en otro bol. Se mezclan y se añaden las hierbas.

Acabado y presentación

Colocar el aguacate y los champiñones en un molde, distribuyéndolos por encima del buey de mar. Retirar el molde y decorar con una cucharada de caviar.

CABRITO CONFITADO Y REBOZADO CON ACEITUNAS CALAMATA

Ingredientes (para 4 personas)

4 espaldas de cabrito • 80 g de aceitunas Calamata • pan de molde fresco • 2 huevos • harina • aceite de Calamata • mantequilla clarificada

Elaboración

Preparar las espaldas de cabrito para confitarlas en aceite de Calamata. Del pan de molde utilizar sólo la miga, que rallaremos.

Una vez está cocinado el cabrito, deshuesarlo, pasarlo por harina y por el huevo batido, y rebozarlo con la miga del pan, mezclada con las aceitunas Calamata, que previamente hemos deshidratado en el horno para poder triturarlas.

Freír el cabrito en mantequilla clarificada o aceite neutro y emplatar con la guarnición que se desee.

Manzana con vainilla

Ingredientes (para 4 personas)

1 k de manzana reineta • pasta de hojaldre (4 unidades) • yema de huevo • helado de vainilla • 125 g de mantequilla • caramelo triturado
Para la salsa de *toffee:* 150 g de azúcar • 1 vaina de vainilla • 150 g de crema de leche

Elaboración

Untar una placa de horno con mantequilla y cubrir con papel sulfurado. Sobre este disponer caramelo triturado y colocar la manzana rallada por encima. A continuación, extender mantequilla sobre la manzana, y dejar en el horno durante 1 hora y 15 minutos.
Cuando esté cocido se pone en el congelador. Mientras, se pinta la pasta de hojaldre con yema de huevo y se deja en el horno unos 10 minutos a 180 °C.
Salsa de *toffee*: Poner el azúcar en un cazo. Añadir una vaina de vainilla y mezclar. Incorporar la crema de leche y dejar hervir durante 1 minuto.

Acabado y presentación

Para terminar, se saca la manzana del congelador y se corta en porciones. Se sirve cada porción acompañada de pasta de hojaldre, helado de vainilla y la salsa de *toffee*.

Toño Pérez

Restaurante Atrio
Avda. de España, 30, bloque 4
10002 Cáceres
Tlfo.: 927 24 29 28   Fax: 927 22 11 11

CARETA DE IBÉRICO, CIGALAS Y JUGO CREMOSO DE AVE

Ingredientes (para 4 personas)

4 cigalas de 250 g cada una • 1 careta de ibérico • 1 manojo de hierbas aromáticas • 1/2 litro de consomé concentrado de ave • 300 g de *foie* fresco de pato • 1/4 de litro de nata fresca de 40% de materia grasa • 4 hojas pequeñas de acelga roja • 8 hojas de *rucola* • aceite, pimienta y sal

Elaboración

Careta de ibérico: Cocer la careta de ibérico con abundante agua y un manojo de hierbas aromáticas, aproximadamente 6 horas, hasta conseguir dejarla muy tierna; una vez cocida, enrollarla sobre un papel de parafina como si se tratara de un pionono, atando los extremos para evitar que se deformen. Seguidamente, disponerla sobre una placa de lomo y cocerla a horno seco durante 1 hora a

80 °C. Finalmente, enfriarla a 0 °C para poder cortar rodajas bien finas, que marcaremos en la plancha para conseguir una rodaja de careta bien crujiente.

Cigalas: Pelar y limpiar las cigalas y confitar el cuerpo en aceite de oliva a 180 °C durante 30 segundos.

Jugo cremoso de ave: Para preparar el jugo cremoso ponemos a cocer en un cazo, a fuego suave, el consomé concentrado de ave, el *foie* fresco y la nata fresca durante 8 minutos. Por último, lo trituramos y montamos en la thermomix, sazonándolo de sal y pimienta.

Acabado y presentación

En un plato sopero o cuenco disponer una base de jugo cremoso de ave, de un dedo aproximadamente; en el centro, colocar la cigala pochada en aceite de oliva, sobre esta poner la acelga roja y la *rucola*, y encima del conjunto depositar una rodaja de careta crujiente.

El cordero merino

Ingredientes (para 4 personas)

2 *carrés* de cordero merino de 8 costillas • 200 g de mollejitas de cordero • 200 g de escalonias grises • 4 dientes de ajo • 2 patatas • aceite de oliva • sal • vino oloroso • estragón fresco • tomillo, laurel, canela en rama, pimienta

Elaboración

Limpiar los *carrés* y dividir en cuatro raciones. Rociar de tomillo, sal, pimienta y un chorrito de aceite, añadir unas gotas de vino oloroso y meter al horno unos 15 minutos. Retirar el jugo del asado y reservar. Saltear las mollejitas de cordero con ajo muy picado y estragón fresco, añadir el jugo del asado.

Confitar las escalonias y las patatas, cocinándolas en aceite de oliva, canela, pimienta y laurel durante 2 horas a fuego muy lento. Con las escalonias preparar, una vez confitadas, un puré. Apartar las patatas.

Acabado y presentación

Sobre un lecho de patatas colocar el puré de escalonias y, encima de este, el *carré*. Salsear con el jugo y las mollejitas salteadas con estragón fresco.

BINOMIO DE LA TORTA DEL CASAR

Ingredientes (para 4 personas)

Para el helado: 200 g de torta del Casar • 200 g de azúcar • 200 g de queso fresco • 300 ml de leche • 200 ml de nata • 50 g de glucosa

Para el puré de membrillo: 250 g de carne de membrillo • 100 ml de agua mineral • 250 g de azúcar

Para el aceite de vainilla: 4 vainas de vainilla • 1/4 de l de aceite de oliva de la sierra de Gata

Otros: 1 torta del Casar • 200 g de frutos secos tostados y picados: avellanas, almendras, nueces o pistachos

Elaboración

Helado: Poner en un cazo la leche a calentar con la glucosa y trabajar hasta diluir perfectamente. Agregar el azúcar y el resto de los ingredientes, procurando que la torta no tenga nada de corteza (utilizar sólo la crema). Triturar con una batidora hasta obtener una pasta fina y homogénea; finalmente, montar en la heladera.

Membrillo: Confeccionar un jarabe con el agua y el azúcar a punto de boca. Añadir la carne de membrillo y triturar.

Aceite de vainilla: Para este aceite aromatizado con vainilla, utilizar un aceite de sierra de Gata-Hurdes con aceitunas manzanilla, que resultan más suaves y tienen aromas a nueces y plátanos. Templar el aceite e incorporar las vainas, abiertas por la mitad para extraer todas las semillas. Dejar reposar 24 horas.

Acabado y presentación

Sobre un plato disponemos una línea de puré de membrillo, en el centro los frutos secos, sobre estos la torta del Casar natural y, encima, una cenefa de helado de torta. Regar el conjunto con aceite de vainilla.

Íñigo Pérez Urrechu

Restaurante Urrechu
C.C. Zoco Pozuelo, local 243
28223 Somosaguas
Madrid
Tlfo.: 91 715 75 59
www.urrechu.com   urrechu@urrechu.com

Restaurante El Fogón de Zein
Cardenal Cisneros, 49
28010 Madrid
Tlfos.: 91 593 33 20/91 591 00 34

OSTRAS CON RAVIOLI CREMOSO DE PULPO, COLIFLOR Y PATATA CRUJIENTE

———

Ingredientes (para 4 personas)

Para la crema de coliflor: 600 g de coliflor ya cocida • 300 g de mantequilla • sal fina

Para el ravioli de pulpo: patas de pulpo, de 1 k y 1/2 a 2 k, ya cocidas • crema de coliflor

Para el tartar de aguacate: 300 g de espárrago verde cocido y picadito • 4 aguacates maduros en daditos • 4 huevos duros en daditos • 200 g de colas de langostino, cocidas, peladas y en daditos • 150 g de puntas de salmón en dadi-tos • 50 g de apio-nabo en daditos, cocido y salteado con grasa de *foie-gras* • 5 cucharadas soperas de mahonesa de marisco

Para la mahonesa de marisco: 3 yemas de huevo • 200 ml de aceite de oliva virgen • 50 ml de americana muy reducida • 1 cucharada de café de mostaza en grano • 2 cucharadas de café de vinagre de sidra caliente • 1 cucharada de café de zumo de limón • sal • pimienta

Para las ostras crudas: 12 ostras • 1 gelatina de cola de pescado partida en 3, de la cual utilizaremos una parte, las otras dos sobran

Para la patata crujiente: 3 patatas medianas • aceite de oliva virgen • sal

Elaboración

Crema de coliflor: Cocer la coliflor, ya troceada, en abundante agua con un chorrito de aceite y una pizca de sal.

Una vez bien cocida, escurrirla para que no quede nada de agua, ya que de lo contrario se bajará la crema.

Meterla en caliente en la thermomix y añadir la mantequilla en daditos, dar a tope de velocidad, para que no tenga gránulos, y poner a punto de sal.

Dejar enfriar y reservar.

Ravioli de pulpo: Separar las patas del resto del pulpo, estirarlas poniéndolas rectas y, seguidamente, envolverlas en papel *film* trans-parente y ponerlas a punto de congelación.

A continuación, una vez bien frías, cortarlas en la cortadora de fiambres al 0,5 de manera longitudinal, y depositar las tiras en una bandejita con forma de cruz.

En el centro de la cruz, colocar una cucharada de crema de coliflor fría; cerrar las tiras de pulpo, ayudándonos de una puntillita, como si de un ravioli se tratara.

***Tartar* de aguacate:** Mezclar todos los ingredientes y, una vez frío, ya está listo para servir.

Hay que mezclar la mahonesa por servicio, por lo que se puede tener la masa preparada por pequeñas raciones, a las que se añade la mahonesa al servicio.

Mahonesa de marisco: Poner a hervir el vinagre y echarlo sobre los huevos, mostaza, zumo de limón, sal y pimienta. Pasar por la turmix e ir añadiendo el aceite.

Antes de terminar de emulsionar la mahonesa, agregar el jugo reducido de marisco.

Rectificar de sal si hiciera falta.

Ostras crudas: Abrir las ostras con mucho cuidado, sin romper la cáscara, y guardar las ostras en frío.

Coger el agua de las ostras y ponerla a templar, justo para mezclar con la gelatina, previamente hidratada.

Dejar templar la gelatina y distribuirla por encima a las ostras, napándolas; ha de ser un baño ligerito, refrescante y con brillo, no una capa gorda.

Patata crujiente: Pelar las patatas y rallarlas lo más finamente posible.

Una vez ralladas, secarlas bien, para que no tengan aguas y no se queden pegadas; seguidamente, freírlas.

Cuando estén bien fritas, sacarlas y escurrirlas en papel secante.

Acabado y presentación

Para preparar una ración, dibujar un hilo de crema de coliflor en un lateral del plato, tras lo cual se colocan dos raviolis de pulpo, justo apoyados en la crema de coliflor.

En la parte opuesta del plato, poner un rectángulo de *tartar* de aguacate, encima las ostras con la *gelée* y, sobre ellas, las patatas, bien escurridas y crujientes.

Decorar con cebollino picado y perifollo.

RODABALLO CON CREMA DE MARISCO, GAMBA ROJA Y VINAGRETA DE TOMATE Y TRUFA

Ingredientes (para 8 personas)

1 rodaballo salvaje

Para la crema de marisco: 200 g de coliflor cocida, caliente y bien escurrida • 100 g de mantequilla • 100 ml de caldo de marisco muy reducido, casi concentrado

Para la gamba roja o carabinero pequeño: 1 gamba roja o 1 carabinero mediano por ración

Para la vinagreta de tomate natural y trufa: 250 g de tomate, pelado y despepitado • 50 g de trufa negra • 300 ml de aceite de oliva virgen extra • sal fina

Elaboración

Rodaballo salvaje: Limpiar bien el rodaballo, quitándole la cabeza, las huevas y las partes altas de la cabeza.

Con unas tijeras, se recortan las aletas laterales.

Cortar el rodaballo por la mitad con una media luna, cogiendo desde la colita hasta la parte alta y procurando cortarlo por la mitad del hueso. De esta manera, tendremos el hueso central por la mitad y aparecerá en todas las raciones de rodaballo.

Limpiar las partes de sangre que pudieran quedar en el hueso central, pasándolo un poco por agua, ya que cuando se hornea queda seco y feo.

Una vez cortados los dos lomos, distribuirlos en raciones de unos 230 o 240 gramos cada una. Reservar.

Crema de marisco: Meter la coliflor caliente en la thermomix y añadir la mantequilla en daditos. Turbinar al máximo para que no tenga grumos y, seguidamente, agregar el caldo de marisco, en caliente y bien concentrado. Hay que tener cuidado con el punto de sal, es aconsejable no añadir nada de sal a la crema de coliflor, ya que la americana se pondrá salada al reducir; es mejor rectificar el punto de sal una vez mezclados todos los ingredientes.

Gamba roja o carabinero pequeño: Pelar el carabinero, trocear en unos cinco pedazos y reservar.

En una sartén bien caliente y con una gota de aceite de oliva virgen, echar los dados de carabineros; deben quedar doraditos, pero muy jugosos por dentro.

Vinagreta de tomate natural y trufa: Una vez pelados y despepitados los tomates (nunca escalfados, ya que se quedan pochos), cortarlos en daditos iguales y reservar.

Seguidamente, picar todo lo que se pueda la trufa negra y mezclar con los daditos de tomate natural.

A continuación, se añade el aceite de oliva, se mezcla todo bien y se agrega una pizca de sal fina.

Acabado y presentación

Para preparar una ración, se pasa esta por la plancha para que tome color, se mete al horno, controlando el punto de cocción, y se reserva. Se añade sal de escamas.

En un plato colocar una *quenelle* transversal, de gordo a fino, de crema de marisco. En la parte más ancha, poner dos trozos de carabinero; en el medio, otros dos, y, por último, en la esquina del hilo de la *quenelle,* uno.

Distribuir a ambos lados de la crema de marisco, y paralelas a ella, unas hileras de vinagreta de tomate con trufa. Ha de estar escurrida de aceite, para que no quede un charco de aceite.

En el centro de la crema de marisco, y cruzando las dos filas de vinagreta de tomate, colocar el rodaballo, una vez cocinado.

Decorar con una ramita de perifollo.

Salteado de manzana con vainilla, melocotones de viña y sorbete de fruta de la pasión

---

Ingredientes (para 8 personas)

Para el salteado de manzana: 100 g de mantequilla • 25 g de azúcar blanquilla • 2 ramas de vainilla natural • 5 g de regaliz en polvo • 8 manzanas golden bien maduras

Para los melocotones de viña: 12 melocotones bien maduros • 200 ml de zumo de naranja • 200 g de miel • 200 ml de vino tinto

Para el sorbete de fruta de la pasión: 2 l de leche • 920 g de azúcar • 260 g glucosa • 1 k y 120 g de nata líquida • 2 k de puré de fruta de la pasión

Elaboración

Salteado de manzana: Pelar las manzanas, quitando los centros y cortándolas en daditos iguales y pequeños. En una tabla y con la ayuda de una puntilla, cortar por la mitad las vainas de la vainilla y sacar los gránulos. En una sartén poner la mantequilla y, cuando se está fundiendo, añadir el azúcar; dejar que se disuelva todo bien, pero con cuidado para que no se forme caramelo.

Seguidamente, añadir los daditos de manzana y los gránulos de vainilla y de regaliz en polvo; pochar a fuego suave sin que tome color. Los daditos deben quedar enteros pero bien blanditos. Reservar.

Melocotones de viña: Pelar los melocotones. Cortarlos en ocho gajos y quitarles el hueso central.

En un puchero con mucha base y poca altura, colocar la miel a fuego suave y, cuando esté caliente y empezando a caramelizar, añadir el zumo de naranja y mezclar bien. Dejar reducir hasta que comience a salir la burbuja del caramelo y, seguidamente, añadir el vino tinto; tiene que caramelizar.

Meter dentro de esta mezcla los gajos de melocotón. Dejarlos cubiertos de líquido y, sobre todo, no deben quedar unos encima de otros.

Poner a fuego suave, para que los caramelos y los sabores y colores del vino tinto impregnen los melocotones. Reservar.

Sorbete de fruta de la pasión: Mezclar la leche, el azúcar, la glucosa y la nata, poner a calentar y, justo cuando rompe a hervir, retirar.

Cuando está templado, añadir el puré de fruta de la pasión.

Mezclar todo bien y colar para refinar.

Dejar enfriar y meter en la heladora.

Acabado y presentación

Colocamos un molde en el centro del plato, dentro ponemos el salteado de vainilla con los jugos que patinen y que glaseen. Encima colocamos, cubriendo la superficie, los melocotones de viña.

Hacemos una bola bonita con cuchara con el sorbete de fruta de la pasión.

Decoramos con unas hojitas de menta fresca y, en un lateral del plato, pondremos un hilo fino del jugo de las manzanas con la vainilla y el regaliz.

Carlos Posadas

Restaurante El Amparo
Callejón de Puigcerdá, 8
28001 Madrid
Tlfo.: 91 431 64 56   Fax: 91 575 54 91

BOGAVANTE ASADO CON TOCINO EN CALDO YODADO DE BERBERECHOS Y GARBANZOS

Ingredientes (para 4 personas)

Para el bogavante: 2 bogavantes de 500 g • sal • pimienta en grano • 1 hoja de laurel • 4 l de agua

Para el tocino: 500 g de tocino • 500 g de sal • 200 g de garbanzos • pimienta en grano • 50 g de pimentón • 1 zanahoria • 1 diente de ajo • 1 cebolla • 20 g de pimienta negra molida

Para el caldo yodado: 500 g de tomate • azúcar • sal • 200 g de berberechos

Otros: 1 hoja de col verde

Elaboración

Bogavante: Poner el agua a hervir con sal suficiente para que sepa a mar, laurel y pimienta. Cuando comience a hervir añadir el bogavante y cocer durante 3 minutos. Sacarlo y enfriar con agua helada. Reservar.

Tocino: Mezclar el tocino con la sal y la pimienta en grano. Cubrir el tocino durante 8 horas, para después dejarlo en remojo 12 horas. A continuación, ponerlo a cocer en agua dulce con los garbanzos, también remojados la víspera durante 8 horas, la zanahoria, un diente de ajo, una cebolla, un poco de pimentón y la pimienta negra molida. Enfriar y reservar.

Caldo yodado: Triturar el tomate y ponerlo a punto de sal y azúcar. Dejar destilar 12 horas con ayuda de una estameña. Poner a cocer el jugo resultante y abrir los berberechos en una olla cuando comience a hervir. Reservar.

Acabado y presentación

Cortar la cola del bogavante por la mitad y reservar junto a las pinzas. Cortar el tocino en tacos largos para pasar ambas cosas por la plancha. Cocer una hoja de col verde y presentar en el plato junto al resto de los ingredientes; terminar salseando con el jugo yodado caliente.

Manitas de cerdo rellenas de morcilla de Burgos con salsa de sobrasada

———

Ingredientes (para 4 personas)

Para las manitas: 8 manitas de cerdo • 500 g de sal • 1 cebolla • 1 zanahoria • 1 puerro • clavo • pimienta negra • sal • 400 g de morcilla • 100 g de redaño • papel de aluminio

Para el puré: 400 g de hojas verdes de col • agua • sal

Para la salsa: 200 ml de agua de manitas • 50 ml de vinagre de jerez • 100 g de sobrasada • 100 g de azúcar

Elaboración

Manitas: Abrir las manitas por la mitad y cubrir con sal durante 12 horas. Sacarlas de la sal y dejarlas a remojo durante 8 horas más. Ponerlas a cocer con el resto de los ingredientes hasta que se despoje la carne de los huesos. Reservar el caldo para elaborar después la salsa. Extender el redaño encima de un papel de aluminio, sobre este colocar las manitas, para terminar poniendo la morcilla encima. Envolver las manitas sobre sí mismas. Cubrir con el papel de aluminio a modo de torchón y hornearlas a 200 ºC durante 90 minutos.

Puré: Poner al fuego un cazo con el agua a punto de sal, introducir las hojas de col y, una vez cocidas, enfriar inmediatamente en agua con hielo. Triturar en la thermomix. Reservar.

Salsa de sobrasada: Poner en una *sauté* al fuego el azúcar y, una vez esté a punto de caramelo, añadir el resto de los ingredientes. Triturar, tamizar y reservar.

Acabado y presentación

Poner a dorar en una sartén al fuego las manitas, con unas gotas de aceite, y terminar en el horno durante 12 minutos a 200 ºC. Cortarlas en tres posiciones y presentar en el plato junto a dos cenefas de puré de col, para terminar salseando.

PASTEL IMPERIAL DE CHOCOLATE

――――

Ingredientes (para 4 personas)

Para el imperial: 200 g de mantequilla • 500 g de chocolate • 450 g de claras • 100 g de azúcar • 200 g de yemas

Para el crujiente: 200 g de azúcar • 30 g de cacao • 100 g de mantequilla • 75 g de claras • 5 g de extracto de café

Para el helado: 1 l de leche • 60 g de leche en polvo • 250 g de mantequilla • 50 g de yemas • 250 g de azúcar • 30 g de extracto de café

Para la espuma: 1/2 l de agua • el zumo de 1/2 limón • 50 g de citronela • 8 g de gelatina • 100 g de azúcar

Elaboración

Imperial: Trabajar el chocolate y la mantequilla al baño María. Montar las claras con el azúcar y, aparte, las yemas. Mezclar con espátula todos los ingredientes. Verter en moldes y, una vez fría la crema, congelar. Hornear a 200 ºC durante 8 minutos y volver a congelarla.

Crujiente: Mezclar el azúcar y el cacao. Trabajar las claras y la mantequilla con el café y mezclar todo.

Dejar reposar 8 horas y, después, estirar en una placa de *silpat*. Hornear a 180 ºC durante 5 minutos. Enrollar.

Helado: Montar las yemas con 250 gramos de azúcar, incorporar el resto de los ingredientes y poner al fuego. Colar. Trabajar en heladora.

Espuma: Poner al fuego el agua, el azúcar y la citronela picada. Cuando empiece a hervir, retirar; añadir el limón y la gelatina ya remojada. Colar y mantener en frío.

Acabado y presentación

Colocar el pastel en el centro de un plato y hornear a 180 ºC durante 3 minutos. Poner encima del pastel una quenefa de helado de café con leche y, sobre ella, el crujiente de cacao, previamente relleno de espuma de citronela.

Ricardo Quintana y José María Monge

(encargado del postre)

Restaurante Casa Lhardy, S.L.

Carrera de San Jerónimo, 8
28014 Madrid
Tlfos.: 91 522 22 07/91 521 33 85   Fax: 91 523 11 71
www.lhardy.com   lhardy@lhardy.com

ENSALADA DEL CHEF

Ingredientes (para 6 personas)

750 g de ensaladilla rusa • 6 langostinos cocidos • 1/2 k de salmón ahumado • 250 g de *foie gras* francés • 24 hojas de endibias, rellenas de marisco con salsa rosa • 30 g de huevo hilado • 12 guindas en almíbar • 6 langostinos • un poco de caviar

Elaboración

Preparar la ensaladilla rusa cociendo, picando y mezclando patatas, zanahorias, judías verdes, guisantes (pueden ser en conserva) y mayonesa. En el centro del plato ponemos 125 gramos de ensaladilla rusa, alrededor de la ensaladilla colocamos tres conos de salmón ahumado con un poco de huevo hilado y media guinda, tres trozos de *foie gras* francés, tres hojas de endibia rellenas de marisco y un langostino abierto al medio, con un poco de caviar en el centro.

PATO SILVESTRE AL PERFUME DE NARANJA

Ingredientes (para 6 personas)

3 patos de 1 k y 1/2 cada uno • 700 g de cebollas • 1 puerro • 250 g de zanahorias • 1/2 k de tomate natural triturado • 50 g de mantequilla • 1/2 l de perfume de naranja • 1 l de salsa española • 100 g de azúcar • 1 cucharada sopera de agua • 2 copas de triple seco • 1 l de zumo concentrado de naranja (o 2 l de zumo natural) • 1 k de naranjas peladas • 1/2 k de manzanas peladas y cortadas
Otros: gajos de naranja • patatas avellana • una juliana de piel de naranja y de limón cocidas

Elaboración

Se limpian bien los patos por dentro y se meten al horno durante 5 minutos a una temperatura aproximada de 200 °C, para que suelten bien la grasa. Se apartan los patos.

Se prepara en una *sauté* un fondo con las cebollas, las zanahorias, el puerro, el tomate natural y se fondea con 50 g de mantequilla. Aparte, se elabora un caramelo con 100 g de azúcar, una cucharada sopera de agua y dos copas de triple seco; cuando coja color se añade a la *sauté*.

Una vez mezclado lo anterior, se agregan el perfume de naranja (concentrado de naranja), las naranjas peladas, las manzanas peladas y 1 l de salsa española. Se meten los patos en esta salsa y se dejan cocer durante aproximadamente 1 hora y 1/4.

Acabado y presentación

Se trocean los patos en dos, se colocan en una fuente y se cubren con la salsa, previamente triturada y pasada por el chino. Como guarnición poner gajos de naranja, patatas avellana y una juliana de pieles de naranja y limón cocidas.

Suflé sorpresa

Ingredientes (para 6 personas)

100 g de bizcocho para forrar la fuente • 500 g de helado • 6 claras de huevo • 200 g de azúcar en grano • 200 g de almíbar (100 g de agua y 100 g de azúcar) • ron para calar el bizcocho • azúcar glas
Para el bizcocho: 5 huevos • 125 g de azúcar • 125 g de harina • 10 g de impulsor (o levadura Royal) • mantequilla para el molde

Elaboración

Bizcocho: Mezclar los huevos, el azúcar y el impulsor. Batir hasta que esté esponjoso. A continuación incorporar la harina y mezclar. Verter en un molde previamente untado con mantequilla. Hornear a 200 °C durante 15 minutos.

Se coloca el bizcocho en una fuente, se remoja con el almíbar (elaborado previamente con agua y azúcar) y ron y se coloca el helado encima.

Se montan las claras a punto de nieve; cuando están muy duras se les añade el azúcar. Se cubre el helado con las claras batidas. Finalmente, se lustra con azúcar glas y se mete a dorar al horno menos de 5 minutos, para que el helado continúe frío y el azúcar se haga caramelo.

Terrina de boletus gratinada con muselina de ajo dulce
Medallón de rape con «carpaccio» de gambas y extracto de marisco
Crema de hierba luisa con membrillo

César Ráez Merchán

Restaurante Torre de Sande
Condes, 3
10003 Cáceres
Tlfo.: 927 21 11 47
www.torredesande.com   reservas@torredesande.com

TERRINA DE BOLETUS GRATINADA CON MUSELINA DE AJO DULCE

Ingredientes (para 6 personas)
400 g de boletus maduros • 5 huevos enteros • 2 yemas • 50 ml de nata • 200 ml de aceite de oliva virgen • 1 cucharada de mostaza de Dijon • 6 dientes de ajo cocidos • 1 costrón de pan

Elaboración
Terrina de boletus: Rehogar los boletus limpios y cortados con 100 mililitros de aceite, ligar con la nata y los huevos enteros. Rectificar de sal y cocer en un molde al baño María a 150 ºC durante 30 minutos aproximadamente.

Muselina de ajo dulce: Confitar los ajos con 100 mililitros de aceite a fuego muy lento durante 20 minutos. Dejar enfriar y montar con las yemas y la mostaza de Dijon.

Acabado y presentación

Poner la terrina en el plato (una ración), napar con la muselina y gratinar en la salamandra. Servir con un costrón de pan y muy caliente.

MEDALLÓN DE RAPE CON «CARPACCIO» DE GAMBAS Y EXTRACTO DE MARISCO

Ingredientes (para 6 personas)

900 g de rape limpio • 300 g de gambas con cabeza • 1 puerro • 1 zanahoria • 1 tomate • 1 hinojo • 1/4 de l de vino blanco • 200 ml de aceite de oliva virgen extra • agua

Para el crujiente de arroz • 100 g de arroz • 1 tinta de calamar • 1 diente de ajo • 25 ml de aceite de oliva

Elaboración

Cortar el rape en seis raciones y dorar en aceite a fuego vivo. Por otra parte, pelar las gambas y reservar las cabezas. Espalmar la carne, de modo que las gambas queden muy finas, formando rectángulos con ellas envueltos en papel *film*. Congelar y reservar. En parte del aceite, rehogar las verduras y las cabezas de las gambas y mojar con el vino y algo de agua. Cocer durante 30 minutos y colar. Rectificar el sazonamiento y reducir hasta que quede un extracto.

Crujiente de arroz: Rehogar todos los ingredientes. Añadir el agua, rectificar de sal, cocer 20 minutos a fuego lento. Triturar en thermomix. Posteriormente, sobre un *silpat* tirarlo en láminas muy finas con una espátula y cocer al horno 5 minutos a 150° C aproximadamente.

Acabado y presentación

Poner en el centro del plato el medallón de rape, encima las gambas muy finas. Calentar suavemente y napar con el extracto muy caliente para que el *carpaccio* muy fino de gambas se haga. Servir con un crujiente de arroz negro.

CREMA DE HIERBALUISA CON MEMBRILLO

Ingredientes (para 6 personas)

300 ml de nata • 300 ml de leche de oveja • 150 g de azúcar • 100 g de azúcar moreno • 300 g de membrillo • 3 yemas • 4 huevos • 1 manojo de hierbaluisa • 500 ml de aroma de kiwi natural (zumo de kiwi)
Para la crema inglesa • 10 yemas • 125 g de azúcar • 1/2 l de leche de oveja • 1/4 l de nata • 1/4 l de leche de vaca • aroma de vainilla suave

Elaboración

Preparar una infusión con la leche, la nata, el azúcar y la hierbaluisa. Mezclar con los huevos y las yemas, colar y cocer al horno en molde a 150 °C durante 20 minutos aproximadamente. Por otra parte, cortar el membrillo en dados pequeños y cocer con el azúcar moreno. Reservar. Preparar una salsa con el aroma de kiwi natural, la nata y la crema inglesa.

Crema inglesa: Cocer la leche con el aroma de vainilla, las yemas y el azúcar hasta que alcance los 85º C aproximadamente. Retirar del fuego. Dejar enfriar y colar.

Acabado y presentación

Caramelizar la crema con soplete, poner en el plato el membrillo caliente, la crema de hierbaluisa y, por último, salsear con la salsa de kiwi, nata y crema inglesa.

Joan Roca

Restaurante Celler de Can Roca
Carretera Taialà, 40
17007 Girona
Tlfo.: 972 22 21 57   Fax: 972 48 52 59

SOPA DE HIERBAS FRESCAS CON AGRAZ, CARACOLES Y SENDERUELAS

Ingredientes (para 4 personas)

Para la sopa: 2 dientes de ajo, pelados y cortados en láminas • 1 l de agua mineral • 3 rebanadas de pan integral • 2 cucharadas soperas de agraz • 1 cucharada sopera de romero fresco picado • 1 cucharada sopera de tomillo fresco picado • 2 cucharadas soperas de hinojo fresco picado • 2 cucharadas soperas de perifollo fresco picado • 4 cucharadas soperas de aceite de oliva virgen • sal

Para los caracoles: 20 caracoles • 20 lonchas muy finas de panceta de cerdo ibérico salada • 20 senderuelas con el sombrero, todas de dimensiones parecidas • 4 cucharadas de aceite de oliva (para confitar)

Otros: flores de hinojo • flores de saúco • hojas de perifollo fresco

Elaboración

En una olla al fuego con una cucharada de aceite, freír los ajos. Una vez dorados, añadir el agua y, cuando hierva, las hierbas frescas. Bajar el fuego y dejar infusionar durante 20 minutos. Agregar el pan integral y el agraz. Triturar todo mientras se añade el resto de aceite de oliva virgen. Poner a punto de sal.

Cocer los caracoles con agua y sal. Una vez cocidos, dejar enfriar y extraer la carne, apartando el aparato digestivo. Enrollar cada caracol con una fina loncha de panceta. Limpiar las senderuelas y dejarlas sin el tronco. Confitarlas con un poco de aceite a fuego suave durante 10 minutos. Calentar en el horno las senderuelas y los caracoles envueltos en panceta. Depositarlos en un papel absorbente para extraer el exceso de grasa.

Acabado y presentación

Colocar en platos soperos calientes los caracoles y, encima de cada uno de ellos, el sombrero de la senderuela. Por encima, esparcir las flores de saúco y de hinojo y unas hojas de perifollo fresco. Servir el plato y, seguidamente, la sopa con una jarrita.

BACALAO TIBIO CON ESPINACAS, CREMA DE IDIAZÁBAL, PIÑONES Y REDUCCIÓN DE PEDRO XIMÉNEZ

Ingredientes (para 4 personas)

Para el bacalao: 400 g de bacalao desalado • 100 ml de aceite de oliva virgen • 1 bolsa de vacío

Para la crema de Idiazábal: 100 g de Idiazábal • 200 g de nata líquida

Para la gelatina de espinacas: 150 g de espinacas • 150 g de agua • 1 g de agar-agar en polvo

Para el aceite de piñones: 20 g de piñones • 100 g de aceite • 1 cucharada pequeña de perifollo picado

Para la reducción de Pedro Ximénez: 100 ml de Pedro Ximénez

Elaboración

Bacalao: Cocer el bacalao con el aceite envasado al vacío al baño María a 50 °C durante 12 minutos (35 °C en el interior)

Crema de Idiazábal: Calentar la nata a fuego lento y añadir el queso rallado para que se funda bien.

Gelatina de espinacas: Escaldar las espinacas en el agua y triturar en la thermomix con temperatura, añadir sal y el agar-agar hasta que se disuelva bien. Llenar unos vasos hasta un tercio de su volumen, y dejar enfriar para que cuaje.

Aceite de piñones: Cortar los piñones en rodajas, freírlos en el aceite, dejar enfriar y mezclar con el perifollo.

Reducción de Pedro Ximénez: Reducir a fuego lento hasta obtener la densidad de un caramelo.

Acabado y presentación

Calentar al horno los vasos con la gelatina de espinacas. Cuando esté caliente, retirar y dejar caer en la superficie una cucharada de crema de Idiazábal. Colocar encima el bacalao en láminas y aliñar con el aceite de piñones y, alrededor, unas gotitas de reducción de Pedro Ximénez. Servir.

La cocción al vacío del bacalao nos permite obtener una textura muy gelatinosa, debido a que la temperatura suave de 50 °C no llega a disolver totalmente la gelatina.

Adaptación del perfume Miracle

Ingredientes (para 10 personas)

Para el granizado de pomelo: 500 g de zumo de pomelo • 50 g de dextrosa • 50 g de azúcar invertido • 2 hojas de gelatina

Para el sorbete de lichis: 500 g de puré de lichis • 100 g de azúcar • 3 g de estabilizante • 15 g de glucosa atomizada • 25 g de dextrosa • 10 g de azúcar invertido • un poco de agua

Para el caramelo de pimienta rosa: 100 g de glucosa líquida • 100 g de azúcar isomalt • 200 g de *fondant* • 40 g de pimienta rosa molida

Para la crema de jengibre: 300 g de nata • 30 g de azúcar • 3 yemas • 50 g jengibre fresco • 1 hoja de gelatina

Para la confitura de rosas y violetas: 100 g de azúcar • 100 g de agua • 20 g de rosas • 20 g de violetas • 10 g de pectina • agua aromática de rosas • agua aromática de violetas

Para la ensalada de lichis y flores: 1 lichi por plato • 1 cucharada sopera de flores

Elaboración

Granizado de pomelo: Disolver el azúcar invertido y la dextrosa con una parte del zumo de pomelo caliente. Añadir las hojas de gelatina, previamente hidratadas, mezclar con el zumo restante y poner en el congelador a –16 ºC.

Sorbete de lichis: Hervir el agua. Mezclar el azúcar, la glucosa, la dextrosa, el azúcar invertido y el estabilizante, y añadir al agua. Subirla a 85 ºC y, rápidamente, bajar la temperatura para que se pasteurice. Mezclar con el puré de lichis con la ayuda de la turmix y dejar madurar la mezcla 24 horas. Turbinar y mantener a –16 ºC.

Caramelo de pimienta rosa: Cocer la glucosa, el azúcar y el *fondant* hasta llegar a 160 ºC, retirar del fuego y dejar que baje la temperatura, sin parar de remover suavemente. Una vez llegue a

140 °C, incorporar la pimienta rosa molida. Verter el caramelo sobre un papel sulfurizado, colocar otro encima y estirar con un rodillo. Reservar así en un *tupper* con sal de sílice. Para obtener un caramelo más delgado, basta con calentar un poco en el horno entre dos *silpats* y estirarlo con un rodillo. Al sacar el *silpat* de encima se puede dar forma al caramelo durante unos segundos, o simplemente romperlo cuando esté frío.

Crema de jengibre: Infusionar la nata con el jengibre roto, añadir el azúcar y las yemas. Calentar hasta alcanzar los 85 °C. Incorporar la hoja de gelatina, previamente hidratada. Colar la mezcla y dejar enfriar. Cuando coja densidad se guarda en un biberón.

Confitura de rosas y violeta: Elaborar por separado las dos confituras, poniendo a hervir las flores, el agua y 75 gramos de azúcar. Guardar el resto del azúcar para mezclarlo con la pectina, incorporarla al resto y dejar reducir hasta obtener la densidad deseada. También se puede añadir un poco de agua aromática de cada flor para potenciar el gusto.

Acabado y presentación

En un plato sopero colocar cuatro puntos de crema de jengibre. Cortar un lichi en cuatro y poner un trozo encima de cada punto. Añadir tres puntos de cada confitura, colocar las flores en medio con una cucharada de granizado, encima la *quenelle* de sorbete y, por último, romper encima de todo el caramelo de pimienta rosa.

Borraja con patatas, chipirones y berberechos
Bacalao salado en casa con ajoarriero líquido-gelatinoso
Sopa cana actualizada

Koldo Rodero

Restaurante Rodero
Emilio Arrieta, 3
31001 Pamplona
Tlfo: 94 822 80 35
info@restauranterodero.com

Borraja con patatas, chipirones y berberechos

Ingredientes (para 4 personas)
4 hojas tiernas de borraja • 250 g de borraja cocida • 4 lonchas de tocino (2,5 en la cortadora) de 10 x 7 cm • 8 lonchas de chipirón (2 en la cortadora) de 6 x 3 cm • almendra granillo • 10 dientes de ajo • 1 patata nueva • 20 berberechos

Elaboración
Atadillos de borraja y tocino: Cortar la borraja en tiras de 10 centímetros de largo aproximadamente. Preparar canelones con 50 gramos de borraja por cada loncha de tocino.
Envolver y reservar.

Raviolis de chipirón y tocino: Picar el resto de la borraja. Disponer dos lonchas de chipirón para cada ravioli en forma de cruz, colocar la borraja picada en medio. Sazonar y cerrar el ravioli.

Fideos de patata: Cortar la patata en fideos con una mandolina. Escaldar 30 segundos en agua con sal.

Salsa de ajo y berberechos: Blanquear los ajos tres veces partiendo de agua fría. Abrir los berberechos y reservar su agua. Triturar los ajos en la thermomix junto con los berberechos y su agua, reservando alguno para decorar.

Ligar esta crema con puré de patata y aligerar con agua si hace falta.

Poner a punto de sal y reservar.

Polvo de ajos y almendras: Tostar la almendra granillo en el horno.

Laminar cuatro ajos y dorarlos hasta que queden crujientes. Picarlos. Juntar la almendra tostada y los ajos a partes iguales. Reservar.

Tempura **de hojas:** Cortar las hojas de borraja en rectángulos de 4 x 6 centímetros aproximadamente.

Pasar por la *tempura* y freír hasta que esté crujiente.

Acabado y presentación

Pasar los canelones de tocino por la plancha hasta que se doren (fuego fuerte). Hacer lo mismo con los raviolis.

Calentar los fideos de patata. Sazonar con sal Maldon y aceite de oliva virgen. Colocar un montoncito en el plato.

Poner encima un canelón de tocino y, al lado, un ravioli.

Salsear con la crema de ajo y berberechos.

Espolvorear el polvo de ajo y almendra.

Decorar con dos berberechos y una hoja en *tempura,* y echar sal Maldon por encima del ravioli y el canelón.

Bacalao salado en casa con ajoarriero líquido-gelatinoso

Ingredientes (para 4 personas)

Para el bacalao: 4 raciones de lomo de 120 g aproximadamente • 2 k de sal gorda • 1 cucharada sopera de aceite de oliva de 0,4°

Para el consomé de ajoarriero: 300 g de pieles y raspas de bacalao • 1 cebolla • 2 tomates maduros • 2 pimientos choriceros • 1 pimiento verde • 4 dientes de ajo sin pelar • 20 caracoles navarricos purgados

Para los rizos de bacalao: 200 g de tripas de bacalao • 1/2 cebolla • 1 pimiento verde • 1 diente de ajo • 1 pimiento de piquillo • sal • pimienta • 10 g de pulpa de choricero • 1 cucharada sopera de salsa de tomate • 1 cucharada sopera de aceite de oliva

Elaboración

El bacalao al ajoarriero es un plato muy típico de Navarra, por eso hemos querido hacer una versión actualizada, que le dé más protagonismo al bacalao.

En este plato, además de trabajar con un bacalao fresco de alta calidad que salamos en casa, conseguimos un añadido de gelatinosidad con las tripas del propio bacalao (vejiga natatoria), en vez de usar la piel, como se sigue haciendo en algunos casos actualmente.

Bacalao: Poner a salar el bacalao, completamente cubierto de sal, durante 1 hora aproximadamente, dependiendo del grosor. Posteriormente, lavarlo con agua y envasarlo al vacío con un poquito de aceite de oliva para que se redistribuya la sal. Confitar en aceite de oliva durante 4 o 5 minutos a 65 °C aproximadamente. Reservar

Consomé: Poner a cocer a fuego lento todos los ingredientes con agua durante 2 horas. Añadir los caracoles limpios y purgados, y dejar cocer 15 minutos más. Colar por un fino y desconchar los caracoles, eliminando el final del intestino. Rectificar de sal.

Rizos de bacalao: Cocer en tiras las tripas de bacalao y escaldarlas en agua. Cortar las verduras en *mirepoix* y poner a pochar con aceite hasta que estén blanditas. Añadir el tomate y la pulpa de choricero junto con las tiras de las tripas. Poner a punto de sal y pimienta, y dejar reposar.

Acabado y presentación

Montar un *bouquet* en el centro del plato con los rizos gelatinosos. Sobre este, colocar el taco de bacalao. Añadir como salsa el consomé con los caracoles y acompañar con un crujiente de ajos tiernos (esto es optativo).

Sopa cana actualizada

Ingredientes

Para la gelatina de arroz con leche: 800 ml de leche • 200 g de nata • 125 g de arroz • 150 g de azúcar • 1 rama de canela • la ralladura de 1/2 limón • la ralladura de 1/2 naranja • 1 chorrito de anís • 15 g de colas de gelatina

Para la torrija: 100 g de pan cabezón • 200 g de leche • 100 g de nata • 30 g de azúcar • 1 rama de canela

Para la sopa cana: 200 g de nata • 50 ml de leche • 40 g de azúcar • 1 rama de canela • 20 g de almendra molida tostada • 100 g de grasa de capón

Para el helado de levadura: 800 g de leche • 200 g de nata • 200 g de azúcar • 9 yemas • 60 g de levadura prensada

Para el guirlache de pan: 300 g de pan, seco y triturado • 100 g de azúcar • 100 g de mantequilla

Para la teja de pato: 2 pieles de pato • 200 g de *fondant* • 100 g de glucosa

Otros: azúcar moreno

Elaboración

Gelatina de arroz con leche: Preparar un arroz con leche con la leche, el arroz, la canela, las ralladuras de naranja y limón y el chorrito de anís, añadiendo al final la nata y el azúcar. Triturar y colar. Reservar 300 gramos de este puré y añadir la gelatina. Extender una capa fina sobre un *silpat* y reservar en la cámara.

Torrija: Cortar el pan en cuadrados de 4 x 4 centímetros. Hervir los demás ingredientes y enfriar. Empapar los panes en la mezcla anterior y reservar.

Sopa cana: Hervir todos los ingredientes y, al final, infusionar con la grasa de capón.

Helado de levadura: Hervir la nata y la leche durante 5 minutos con la levadura. Enfriar. Montar el azúcar con las yemas e incorporar. Turbinar y reservar a –5 °C.

Guirlache de pan: Preparar un caramelo oscuro con el azúcar y añadir la mantequilla. Una vez derretida, incorporar el pan y secar al fuego. Extender en una placa y reservar.

Teja de pato: Secar la piel de pato a 160 °C durante 45 minutos, bien prensada en un molde.

Preparar un caramelo con el *fondant* y la glucosa a 160 °C. Extender y dejar enfriar. Triturar. Disponer las pieles de pato en una placa y espolvorear el polvo de caramelo. Derretir al horno.

Acabado y presentación

Envolver las torrijas en gelatina de arroz con leche, formando pequeños raviolis. Espolvorear con azúcar moreno y quemar con el soplete.

Hacer una cenefa con el helado y rebozarla con el guirlache de pan. Colocar encima el ravioli, decorar con la teja de pato y servir la sopa cana.

Paco Roncero

Restaurante La Terraza del Casino
Alcalá, 15
28014 Madrid
Tlfo.: 91 521 87 00   Fax: 91 523 44 36

CANELÓN DE PIEL DE LECHE

Ingredientes (para 10 personas)

Para el relleno: 500 g de tocino fresco • 500 g de tuétano • 100 g de sesos de cordero • 200 g de seta perrechico • 100 g de trufa de verano • 100 g de hígado de pato • agua • aceite de oliva

Para la piel de leche: 500 ml de leche entera • 100 ml de nata Reny Picot

Otros: sal Maldon

Elaboración

Piel de leche: Poner en un rondón de 32 centímetros 3 litros de leche, y llevar a una temperatura de 60 °C aproximadamente. Quitar todas las posibles burbujas que se hayan creado. Empezará a formarse una capa de nata por la parte de arriba. La primera capa tarda unos 15 minutos en formarse, el resto aproximadamente 8 minutos. Coger la capa de leche a la mitad y sacar con mucho cuidado. Colocar sobre una bandeja con papel *film* pintada de nata líquida. Volver a pintar de nata por encima y tapar con más papel *film*.

Conservar en la nevera, teniendo en cuenta que es mejor usarla de un día para otro.

Relleno: Quitar la piel al tocino (aprovechar para hacer cortezas) y cortar a tacos de 12 x 12 centímetros. Poner a confitar con un chorro de aceite de oliva y agua, hasta que esté cocido. Dejar enfriar y cortar a dados de 0,5 centímetros aproximadamente. La grasa sobrante se reserva para otras preparaciones.

Poner a desangrar el tuétano 24 horas en agua fría con hielo. Llevar a ebullición partiendo de agua fría y dejar enfriar en su propia agua. Cortar a dados de 0,5 centímetros.

Poner a desangrar los sesos 24 horas en agua fría con hielo. Llevar a ebullición partiendo de agua fría. Retirar y dejar enfriar en su propia agua.

Limpiar las setas y picar dados finos.

Pelar la trufa y picar en *brunoise* muy fino.

Cortar el *foie-gras* en dados.

Saltear las setas en una sartén. Añadir partes iguales de tocino y tuétano y dejar hasta que pierdan toda la grasa. Colar para quitar la grasa sobrante y añadir los sesos picados. Poner a punto de sal y pimienta y, ya fuera del fuego, terminar con el *foie* y la trufa. Dejar atemperar hasta su utilización.

Canelón: Quitar una capa de papel *film* a la piel de leche. Hidratar con nata si fuera necesario.

Colocar el relleno (70 gramos por persona) a todo lo largo de la piel (15 centímetros) y envolver sobre sí mismo, como si de un canelón normal se tratara.

Ayudándonos del papel *film*, ponerlo en el centro del plato, colocarle otra piel por encima e hidratar con nata.

Acabado y presentación

Gratinar en la salamandra hasta que coja un color dorado por la parte de arriba del canelón. Terminar con una pizca de sal Maldon por encima.

SAN PEDRO CON PURÉ DE LIMÓN, PIEL DE LIMÓN CONFITADO Y HUEVAS DE BACALAO

Ingredientes (para 6 personas)

Para el limón: 1 k de limones • 33 g de azúcar • 1 l de agua

Para el principal: 50 g de huevas de bacalao • 2 piezas de 1 k de pez de San Pedro

Para el puré de limón: 23 g de jarabe T.P.T. (agua y azúcar a partes iguales) • 90 g de mantequilla • 88 ml de nata Reny Picot • 38 g de zumo de limón natural • 250 g de blanco de limón

Para la salsa: 150 ml de salsa de soja • 100 ml de aceite de sésamo • 50 ml de vinagre de arroz

Otros: 2 unidades de piel de limón

Elaboración

Limón: Pelar el limón quitando la parte amarilla e intentando dejar la mayor parte de blanco posible. Blanquear (llevar a ebullición) el blanco del limón cuatro veces en agua, partiendo siempre de agua fría. Cocerlo con agua y azúcar durante aproximadamente 45 minutos. Se puede conservar envasado al vacío con un poco de T.P.T.

Principal: Limpiar el San Pedro y racionar en porciones de 180 gramos.

Sacar de su bolsa las huevas de bacalao y mantener con unas gotas de aceite de oliva.

Puré de limón: Mezclar con calor todos los ingredientes, menos la mantequilla, en la thermomix.

Pasar por colador fino y reservar. Poner a punto, emulsionándolo con la mantequilla, cada vez que nos pidan una ración.

Salsa: Ligar con maicena suavemente la salsa de soja. Terminar mezclando la salsa de soja con el resto de los ingredientes.

Acabado y presentación

Marcar el San Pedro a la plancha por la parte de la piel. Terminar en la salamandra.

Colocar el San Pedro en el plato, el puré a un lado y, encima de este, la piel de limón confitada. Terminar con huevas de bacalao encima del San Pedro y salsear.

SORBETE DE NARANJA CON ACEITE DE OLIVA Y PEDRO XIMÉNEZ

———

Ingredientes (para 4 personas)

Para el principal: 100 g de fruta de la pasión • 8 g de sal Maldon • 150 ml de aceite de Baena

Para el sorbete de naranja: 120 g de glucosa • 10 g de estabilizante • 210 g de azúcar • 1 l de zumo de naranja natural • 85 ml de agua • 15 g de zumo de limón natural • 30 g de dextrosa para sorbetes

Para el streusels: 50 g de harina de almendra • 50 g de harina de trigo • 50 g de mantequilla • 50 g de azúcar moreno • 1 unidad de Nescafé descafeinado

Para la gelatina de miel: 125 ml de agua • 100 g de miel • 1 hoja de gelatina

Para la gelatina de Pedro Ximénez: 2 unidades de gelatina (cola de pescado)

• 200 ml de Pedro Ximénez

Para la reduccion de vinagre: 50 ml de vinagre de Módena Fini

Elaboración

Streusels: Hacer la mantequilla en pomada. Mezclar las harinas, el azúcar y el Nescafé. Mezclarlo todo sin darle mucho trabajo. Extender en placas con un grosor de 1 centímetro aproximadamente. Hornear a 180 °C.

Sorbete de naranja: Templar el agua y 100 gramos de zumo. Agregar la glucosa y la dextrosa.

Incorporar el azúcar con el estabilizante y arrancar el hervor. Enfriar y dejar madurar 4 horas. Añadir el zumo de limón y el resto del zumo de naranja, ambos bien fríos, y pasar por la heladora.

Gelatina de miel: Caramelizar la miel. Rebajar con el agua caliente. Agregar la gelatina y enfriar.

Gelatina de Pedro Ximénez: Calentar una pequeña parte del Pedro Ximénez. Agregar la gelatina. Colar y enfriar.

Reducción de vinagre: Poner el vinagre a cocer hasta alcanzar el punto deseado.

Acabado y presentación

Colocar en el centro del plato el *streusels* troceado y, encima, el sorbete de naranja. Alrededor, distribuir tres trozos de gelatina de miel y otros tantos de gelatina de Pedro Ximénez. Verter aceite de oliva hasta cubrir el fondo del plato. Finalmente, rociar con unas gotas de la reducción de vinagre y poner unos toques de pasión natural. Encima del sorbete, echar una pizca de sal Maldon.

José Luis Ruiz Solaguren

Restaurante José Luis
Rafael Salgado, 11
28036 Madrid
Tlfo.: 91 484 43 00

ENSALADA DE JAMÓN IBÉRICO CON BREVAS, SALMOREJO Y DULCE DE MELÓN

————

Ingredientes (para 4 personas)

Para el salmorejo: 250 g de tomate rojo • 2 dientes de ajo • 100 ml de aceite • 20 ml de vinagre de jerez • sal
Para el dulce de melón: medio melón maduro • 100 ml de Oporto • 2 g de azúcar
Otros: 200 g de jamón • 4 brevas • lechugas variadas

Elaboración

Salmorejo: Se mezclan todos los ingredientes en la batidora y se pasa por un chino.
Dulce de melón: Mientras, poner a calentar el Oporto y el azúcar hasta conseguir que hierva, retirar y añadir bolitas de melón, previamente sacadas del melón, y dejar macerar durante 1/2 hora.

Acabado y presentación

Elaborar un *bouquet* con las distintas lechugas y rodear con tiras de jamón. Dibujar una lágrima de salmorejo de base, añadir la breva fileteada y limpia y colocar el dulce de melón salteado en el plato.

Pichón ahumado con cebollitas tiernas aromatizadas con naranja y clavo, aceite a la vainilla y su esencia

---

Ingredientes (para 4 personas)

4 pichones de 200 g cada uno • 200 g de cebollitas francesas • 2 clavos • 200 ml de zumo de naranja • 200 ml de vinagre • 20 g de azúcar • 2 ramas de vainilla • 100 ml de aceite de oliva de 0,4° • 400 ml de jugo de carne • 1/2 l de coñac

Elaboración

Pichón: Deshuesar el pichón y marcar a la parrilla de leña con madera de encina. Reservar. Reservar también los huesos del pichón.

Cebollitas: Poner al fuego en un cazo el azúcar y el vinagre, hasta conseguir un caramelo. Una vez conseguido, incorporar las cebollitas y esperar a que tomen un color dorado. Añadir los clavos y el zumo de naranja y dejar cocer a fuego lento-medio durante 20 minutos. Reservar.

Aceite de vainilla: Calentar el aceite junto a las ramas de vainilla y, una vez caliente, retirar del fuego y limpiarlas, sacando la esencia de la vainilla. Reservar.

Esencia: Dorar los huesos extraídos del pichón y flambear con coñac. Añadir el jugo de carne. Dejar cocer durante 10 minutos a fuego lento.

Jugo de piña natural encerrado en chocolate amargo, con fresas silvestres e infusión de leche de oveja

Ingredientes (para 4 personas)

200 g de chocolate amargo • 1 piña • 20 piezas de fresitas silvestres • 1 l de leche de oveja • 300 g de nata • 1 rama de canela • 1 cáscara de naranja y una de limón • 50 g de azúcar • 4 láminas de PVC • 2 colas de gelatina

Elaboración

Templar el chocolate y extender en las hojas de PVC. Dejar enfriar y, antes de que el chocolate se endurezca del todo, darle formas cilíndricas, con una tapa en la parte inferior del cilindro; después, dejar enfriar del todo. Echar en el interior del cilindro el zumo de la piña y cerrar con otra tapa de chocolate la parte superior.

Poner a cocer la leche junto a la rama de canela, las cáscaras de naranja y limón y el azúcar durante 10 minutos. Retirar del fuego y añadir las dos colas de gelatina, colar la cocción y poner dentro de un sifón.

Acabado y presentación

Colocamos el cilindro ya preparado en el centro de un plato sopero sobre una base de crema de leche de oveja que hemos conseguido con el sifón. Alrededor se colocan las fresitas silvestres.

Cuando el comensal rompe el cilindro, se vierte el zumo de piña, consiguiéndose una especie de «sopa» al mezclarse con la crema de leche de oveja.

Colas de gamba tibias en fondo marino con helado de salmorejo
Bacalao, yema rellena, patata, pasas y membrillo
Postre inspirado en una sangría de verano

Carme Ruscalleda

Restaurante Sant Pau
Carrer Nou, 10
08395 Sant Pol de Mar
Barcelona
Tlfo.: 93 760 06 62   Fax: 93 760 09 50

Colas de gamba tibias en fondo marino con helado de salmorejo

——————

Ingredientes (para 8 personas)

24 gambas

Para el helado de salmorejo: 1 kilo de tomates maduros • 60 g de cebolla • 4 g de ajo • 45 g de pimiento verde • 300 ml de aceite de oliva virgen extra • 10 ml de vinagre de jerez • 20 ml de vinagre de Módena • 1 cucharada de mostaza antigua • sal • pimienta • 500 ml de agua mineral • 400 g de azúcar • 100 g de glucosa atomizada • 10 g de estabilizante para sorbetes • 5 g de estabilizante para helados cremosos

Para el fondo marino: 200 ml de agua de mar hervida • 100 ml de agua mineral • 1 hoja y 1/2 de gelatina • 5 g de zumo de limón

Para las algas: 100 g de algas en salazón (lechuga de mar, judía verde de mar, wakamé y dulcé) • sal • pimienta • piel de limón

Elaboración

Helado: Triturar los tomates, la cebolla, el ajo, el pimiento, el aceite, los vinagres, la sal, la mostaza y la pimienta, y colar. De esta preparación se necesita sólo 1 kilo, ya colado.

Calentar hasta 40 °C el agua mineral, el azúcar y la glucosa. Incorporar los estabilizantes y calentar de nuevo hasta los 85 °C. Dejar madurar en la nevera por espacio de 4 horas. Triturar con 1 litro de la preparación de salmorejo, colar de nuevo, afinar de sal y pimienta, y montar el helado en la turbinadora-heladora. Reservar a –18 °C.

Fondo marino: Mezclar el agua de mar y el agua mineral con la gelatina deshecha. Añadir 5 gramos de zumo de limón y dejar gelatinizar.

Algas: Limpiar las algas bien de su salazón y dejarlas en remojo sólo 1 minuto para que se rehidraten. Reservar picadas.

Acabado y presentación

Mezclar el fondo marino con las algas, un poco de pimienta y un poco de ralladura de limón. Distribuir dicha mezcla en el fondo del plato. Colocar a un lado una *quenelle* del helado de salmorejo y las colas de gamba, escaldadas sólo 20 segundos en agua salada; aliñar cada gamba con un poco de aceite y sal gruesa.

BACALAO, YEMA RELLENA, PATATA, PASAS Y MEMBRILLO

_____

Ingredientes (para 4 personas)

4 lomos de bacalao • aceite de oliva virgen extra

Para el relleno de la yema: 1 cebolla • 10 tomates frescos rallados • 80 ml de jerez dulce • 1 diente de ajo • sal • pimienta • 150 ml de jarabe

Para el lecho de crema de patatas: 300 g de pulpa de patata • 2 *escalunyas* • 200 ml de agua mineral • 100 ml de nata líquida • sal • pimienta blanca • nuez moscada

Para las pasas: 300 ml de jerez dulce • 300 ml de Oporto • 200 g de pasas de California • 100 ml de jalea de membrillo

Otros: minidados de membrillo hecho en casa • *xips* de patata violeta y de perejil • yemas de huevo de gran calidad • sal Maldon

Elaboración

Bacalao: Cortar los lomos de bacalao remojados a tacos perfectamente cúbicos de 80 gramos cada uno y confitarlos en aceite de oliva extra virgen, en frío y lentamente, hasta llegar a 35 °C en el corazón del taco. Reservar.

Relleno de la yema: Preparar un sofrito confitando lentamente la cebolla, los tomates frescos rallados, el jerez dulce, un diente de ajo frito, sal y pimienta. Triturar en la thermomix y afinar la textura con 150 mililitros de jarabe. Reservar.

Lecho de crema de patatas: Hervir las patatas con piel y pelarlas a continuación. Sofreír dos *escalunyas* sin que lleguen a dorarse. Triturar en la thermomix 300 gramos de pulpa de patata, las *escalunyas*, el agua mineral, la nata líquida, sal, pimienta blanca y nuez moscada, hasta conseguir una crema espesa. Reservar.

Pasas: Reducir a la mitad de su volumen el jerez y el Oporto, añadir las pasas de California y dejar pochar lentamente durante 5 minutos. Agregar entonces la jalea de membrillo y continuar pochando muy lentamente durante 2 minutos más. Reservar.

Acabado y presentación

En el centro de un plato sopero verter, en forma de óvalo, crema de patata muy caliente. Sobre dicha crema y casi en el centro, depositar un taco de bacalao, calentado en el aceite del confitado hasta alcanzar los 35 °C en el interior. Secar de aceite el bacalao sobre papel.

A su lado, colocar la yema rellena (pinchar la yema de huevo con una jeringa y vaciar la mitad de su contenido, con otra jeringa llena del sofrito muy caliente rellenar la yema por el mismo orificio por el que se vació). Encima de la yema rellena, distribuir unos copos de sal Maldon y dos *xips* de patata violeta, que cubran ligeramente la yema.

Repartir a lo largo del plato, sobre el bacalao y la crema de patata, seis dados de membrillo y cinco pasas escurridas y calientes.

A cada lado dibujar un cordón de la reducción de la cocción de las pasas.

Incorporar dos hojas de *xip* de perejil.

POSTRE INSPIRADO EN UNA SANGRÍA DE VERANO

————

Ingredientes (para 8 personas)

Para la gelatina de brandy: 30 g de *brandy* • 1/4 de hoja de gelatina

Para la gelatina de ginebra: 30 g de ginebra • 1/4 de hoja de gelatina

Para el sorbete de vino: 400 g de azúcar • 100 g de glucosa atomizada • 850 ml de agua • 10 g de estabilizante para sorbetes • 500 ml de vino tinto

Para el sorbete de cava: 400 g de azúcar • 150 g de glucosa atomizada • 450 ml de agua • 10 g de estabilizante para sorbetes • 1 l de cava Colet Pinot Noir

Para la galleta de vino: 750 ml de vino • 1 k de azúcar • 40 g de harina sin gluten

Otros: 1/2 k de dados de fruta variada (manzana golden, naranja, cereza) • 100 ml de soda

Elaboración

Gelatina de *brandy* y de ginebra: Dejar en remojo la gelatina. Poner en dos cazos al fuego el *brandy* y la ginebra, y agregar 1/4 de hoja de gelatina a cada cazo. Dejar enfriar y reservar.

Sorbete de vino: Calentar el azúcar, la glucosa y el agua hasta alcanzar una temperatura de 40 °C, y agregar el estabilizante para sorbetes. Dejar reposar de 4 a 8 horas. Añadir el vino tinto, triturar, colar y turbinar en la heladera.

Sorbete de cava: Calentar el azúcar, la glucosa y el agua hasta alcanzar una temperatura de 40 °C, y agregar el estabilizante para sorbetes. Dejar reposar de 4 a 8 horas. Añadir el cava, triturar, colar y turbinar en la heladera.

Galleta de vino: Preparar un fondo base poniendo a hervir el vino y el azúcar. Mezclar 60 gramos de este fondo base frío con la harina sin gluten.

Extender sobre un *silpat* con la ayuda de un pincel y hornear a 160 °C de 3 a 4 minutos.

Acabado y presentación

En el fondo de un plato hondo colocar la fruta a dados. Añadir la gelatina de *brandy* y ginebra. Incorporar el sorbete de cava, la galleta y el sorbete de vino. En la mesa añadir un poco de soda.

Arroz con cachón encebollado y teja de canela
Solomillo de bacalao asado con harina de setas y jugo ligero de buey
«Nube» de chocolate con helado de cacao amargo

Jesús Sánchez

Restaurante Cenador de Amós
Plaza del Sol, s/n
39793 Villaverde de Pontones
Cantabria
Tlfos.: 942 50 82 43/942 50 80 66
info@cenadordeamos.com

Arroz con cachón encebollado y teja de canela

Ingredientes (para 5 personas)
1 cachón • 300 g de arroz • 1 1/2 cebolla • 1/2 tomate • 1/2 pimiento rojo
• cebolla frita • tapioca cocida • 50 g de queso de guriezo • 100 g de aceite
de oliva virgen extra • azafrán al gusto • sal al gusto
Para la teja: 70 g de harina • 150 g de nata líquida • 20 g de polvo de cebolla seca • 2 claras de huevo • una cucharada de café de canela molida

Elaboración
Rehogar abundante cebolla, picada muy fina, en una cazuela con
aceite de oliva y a fuego muy lento, para que resulte bien pochada
sin llegar a tostarse.

Preparar la teja mezclando la harina con harina de cebolla seca, clara de huevo, canela molida y sal. Extenderla finamente para cocer en el horno a temperatura media, de modo que quede una fina lámina crujiente, que se reserva para el último momento. Limpiar el cachón y preparar un caldo con las patas y aletas, además de las verduras, todo ello cocido para obtener un sustancioso caldo. En un cacillo de este caldo, cocer dos cucharadas de tapioca, triturar el resultado y reservar. Rehogar el arroz en la cebolla durante unos minutos, para después incorporar el caldo de cachón y prolongar la ebullición lenta hasta que el arroz quede a nuestro gusto (aproximadamente 12 minutos). Al final de la cocción, sazonar con sal y un poco de azafrán, que anteriormente habremos secado y pasado por el mortero. Incorporar en el último momento el caldo, ligado con la tapioca para darle densidad, y el queso de guriezo rallado.

Picar el cuerpo del cachón en dados pequeños y saltearlo ligeramente a fuego muy vivo con aceite de oliva virgen extra. El sazonamiento del cachón se completa con sal y un poco de la cebolla pochada.

Acabado y presentación

Presentar el plato con el arroz en el fondo, los carabineros sobre el fondo de ensalada, bien recortados, y terminar el plato con un poco de bechamel y unas vueltas de pimienta de molino.

SOLOMILLO DE BACALAO ASADO CON HARINA DE SETAS Y JUGO LIGERO DE BUEY

———

Ingredientes (para 4 personas)

800 g de morro de bacalao desalado (cuatro morros o «solomillos») • mezcla

de setas secas (boletos edulis, morillas, champiñones) • 100 g de setas confitadas (según temporada, chantarelas, senderuelas, etcétera) • 1 cucharada de cebolla seca • 1 cucharada de perejil seco • 1 cucharada de cebollino picado • 1/2 vaso de gelatina de bacalao • 50 ml de aceite de oliva virgen extra • 150 g de puré de patata cremoso (patatas, aceite de oliva virgen y crema de leche) • 1 cucharada de jugo ligero de buey

Elaboración

Utilizar el morro de bacalao, bien desprovisto de espinas, dejando sólo la parte más noble y de forma más atractiva.

Triturar las setas secas en la thermomix, junto con la cebolla y el perejil, y pasar por esta harina el bacalao, para rebozarlo en ella. Poner las setas de temporada en una sartén, bien cubiertas de aceite, y cocinar a fuego moderado hasta que resulten tiernas. El tiempo depende de la variedad de setas, pero es aproximadamente de 5 minutos a partir de que el aceite comience a hervir.

Preparar una cazuela con aceite de oliva y, cuando esté caliente, poner el bacalao, primero por el lado de la piel y luego por el otro (esta operación es muy breve), y agregar las setas, previamente confitadas. Terminar al horno durante unos 7 minutos a 180 ºC.

Para el puré de patatas, cocer las patatas y pasarlas por el pasapurés, agregando aceite de oliva virgen extra y crema de leche. Sazonar con sal y pimienta de molinillo.

Acabado y presentación

Colocar en el fondo del plato el puré de patata, encima el bacalao y ligar el aceite que queda en la cazuela con un poco de gelatina de bacalao (resultado de cocer espinas y pieles de bacalao). Agregar a esta salsa el cebollino picado y acompañar con ella el bacalao.

«Nube» de chocolate con helado de cacao amargo

—

Ingredientes (para 6 personas)

Para la *nube* de chocolate: 6 claras de huevo • 180 g de azúcar • 45 g de cacao en polvo • 40 g de tapioca cocida

Para la crema de mascarpone: 600 g de queso cremoso • 200 g de mascarpone • 750 g de leche entera • 500 g de nata • 300 g de azúcar • 7 huevos • 14 hojas de gelatina

Otros: sirope ligero de café • teja de azúcar isomal con cacao • helado de cacao amargo

Elaboración

Montar las claras con el azúcar y añadir el cacao en polvo y la tapioca, cocida y fría. Mezclar bien y extender, con ayuda de una manga pastelera, sobre un *silpat*, para cocer en el horno a 180 °C durante 4 minutos. Una vez frío, despegar y unir las dos partes de la *nube*, rellenando con la crema de mascarpone.

Acabado y presentación

Poner en el plato un poco de crema de achicoria y, sobre esta, la *nube*, que tendrá forma de cilindro. Distribuir un poco de sirope de café y el helado de cacao amargo. Colocar una finísima teja de caramelo de isomal sobre la *nube* y fundirla con el soplete.

Jon Sanchotena Campos

Restaurante El Portalón

Correría, 151

01001 Vitoria-Gasteiz

Álava

Tlfo.: 945 14 27 55   Fax: 945 14 42 01

LAUTADA ITXASO–LLANADA COSTA

Ingredientes (para 4 personas)

24 cocochas de merluza • 24 gambas • 200 g de perrechicos • 8 cucharadas de salsa americana • una pizca de perejil

Para las manitas: 12 manitas de cordero • 1 zanahoria • 1 cabeza de ajo • 3 puerros • 1 cebolla • una cucharada de harina • 2 huevos

Para la salsa verde: 1 ajo • seis cucharadas de fumet • una pizca de perejil • dos trocitos de guindilla

Para la salsa americana • 4 puerros • 4 cebollas • 4 zanahorias • una pizca de *curry* • cayena • laurel • tomillo • cáscaras de gambas • 2 k de tomate • sal

Elaboración

Cocer las manitas con las verduras durante dos horas y media y deshuesar. A continuación, rebozar con una cucharada de harina y 2 huevos. Preparar la salsa verde con ajo, el fumet, perejil y guindilla, y echar las cocochas y las gambas. Se deja cocer a fuego lento.

Saltear los perrechicos con un poco de aceite.

Salsa americana: Se rehogan 4 puerros, 4 cebollas y 4 zanahorias con una pizca de *curry*, cayena, laurel y tomillo. Se añaden las cáscaras de gambas y se flambea todo con un chorrito de coñac. A continuación se echa la sal y 2 k de tomate. Se deja cocer durante 4 horas y se pasa por el pasapuré.

Acabado y presentación

Distribuir la salsa americana por el centro del plato y poner las manitas encima. Colocar las cocochas y las cigalas entre las manitas. Esparcir los perrechicos en el plato y cubrir las manitas con la salsa verde. Para terminar, espolvorear con perejil.

RABO DE BUEY ESTOFADO

Ingredientes (para 4 personas)

4 rabos de toro • harina • 1 cebolla • 2 zanahorias • 1 diente de ajo • 1 chorrito de coñac • un poco de caldo

Elaboración

Trocear los rabos de toro y salpimentar. A continuación, pasar por harina y freír. Echar en una olla un poco de caldo e ir agregando los trozos de rabo de toro, una vez fritos. Picar una cebolla, dos zanahorias y un poco de ajo. Rehogarlo todo en la sartén con un poco de harina y caldo, y echar todo el sofrito a la olla, que casi cubra los trozos de rabo. Añadir también un chorrito de coñac. Dejar de 40 a 45 minutos en la olla exprés. Cuando se enfríe, retirar la capa de grasa.

RAMONÍSIMO

Ingredientes (para 1 persona)

2 bolas de helado de vainilla • una cucharadita de nata montada • 2 g de café descafeinado en polvo • 1 chorrito de whisky escocés • 1 chorrito de Karpy o Cointreau • almendra picada

Elaboración

Poner en una copa grande las dos bolas de helado de vainilla, con una cucharadita de nata montada encima. Echar el café en polvo sobre el helado y rociar con un chorrito de whisky y otro de Cointreau. Terminar espolvoreando todo el postre con un poco de almendra picada.

Santi Santamaría

Restaurante Racó de Can Fabes

Sant Joan, 6

08470 Sant Celoni

Barcelona

Tlfo.: 93 867 28 51   Fax: 93 867 38 61

www.canfabes.com

RAVIOLIS DE GAMBAS AL ACEITE DE «CEPS»

Ingredientes (para 2 personas)

12 gambas medianas por persona • 250 g de *ceps* frescos • 2 cebollas • 60 ml de aceite de *ceps* (*ceps* secos y aceite de oliva virgen) • 1 manojo de cebollino • sal y pimienta

Elaboración

Pelar las gambas y separar las cabezas. Aplanar las colas entre dos hojas de plástico de cocina y congelarlas durante 2 horas para poderlas manipular mejor.

Sofreír los *ceps* con la cebolla cortada y dejarlos confitar.

Poner los *ceps* secos en infusión en aceite de oliva virgen. Profesionalmente, se preparan al vapor (a temperatura 6 durante 30 minutos). En casa, se pueden preparar al baño María, hasta que el aceite coja el sabor de las setas.

Picar muy fino el cebollino procurando no aplastarlo.

Acabado y presentación

Presentar en platos grandes, colocar seis gambas por comensal. En el centro de cada gamba poner una cucharada de la preparación de cebolla y *ceps*, seguidamente colocar el resto de las gambas encima. Una vez estén a temperatura ambiente, dar forma de raviolis. Aliñar con aceite de *ceps*, sal y pimienta justo antes de servir.

Papada crujiente al horno

Ingredientes (para 4 personas)

2 papadas de cerdo (tocino de magro del cuello) • 1/2 l de fondo de cerdo • 20 patatas salteadas • 1 cucharada pequeña de mantequilla • 8 cucharadas soperas de aceite

Elaboración

Precalentar el horno a 180 °C.

Calentar las papadas al vapor en la bolsa de vacío y recuperar, a continuación, el jugo de la cocción.

Poner las papadas en una bandeja de hornear, preferentemente de hierro colado, con la parte de la corteza boca abajo. Regar con aceite de oliva y hornearlas durante 50 minutos.

Reducir el 1/2 litro de fondo de cerdo y el jugo reservado de la cocción de las papadas, y ligarlo con mantequilla. Salpimentar.

Transcurrido el tiempo indicado, retirar las papadas del horno y quitarles la corteza y una parte importante de la grasa.

Acabado y presentación
Pulir la corteza de las papadas y cortarla a triángulos. Salsear las papadas con el jugo preparado previamente antes de servirlas.

Buñuelos de chocolate y sorbete de coco

Ingredientes (para 4 personas)
Pasta de fritura para los buñuelos de chocolate • 180 g de harina • 2 huevos • 16 g de levadura • 50 g de azúcar • 30 g de agua carbónica • azúcar glas
Para las trufas de chocolate: 1 litro y 1/4 de nata • 2 k y 1/2 de chocolate Valrhona • 200 g de mantequilla • 1/4 d l de *brandy*
Para el sorbete de coco: 1 bote de 500 g de leche de coco • 50 g de azúcar • 30 g de ron

Elaboración
Preparar las trufas heladas y rebozarlas con la pasta de fritura. Freír los buñuelos resultantes y espolvorear de azúcar glas.
Sorbete de coco: Mezclar la leche de coco, el azúcar y el ron, introducirlos en una sorbetera y helarlos.

Acabado y presentación
Distribuir los buñuelos en un plato y poner el sorbete de coco en una *quenella*.

Gerhard Schwaiger

Restaurante Tristán
Puerto Portals, local 1
07081 Portal Nous
Mallorca
Tlfo.: 971 67 55 47   Fax: 971 67 90 83

MEDALLONES DE BOGAVANTE CON SALSA DE ENSALADA, MELÓN Y «BEURRE BLANC» DE TOMILLO

Ingredientes (para 4 personas)

2 bogavantes de 400 g • 1 melón de miel

Para la ensalada: lechuga • tomate • cebolla • aceite de oliva • sal • pimienta • azúcar • perejil

Para la *beurre blanc* de tomillo: 1/4 de l de fumet (caldo de pescado) • 1/4 de l de vino blanco • 2 cucharadas de Noilly Prat • 2 cucharadas de Oporto blanco • 1 chalota picada • 100 g de mantequilla • sal • tomillo picado

Elaboración

Cocer los dos bogavantes durante 45 minutos en agua salada a 70 ºC. Quitar la cáscara y cortar en forma de medallones.

Preparar una ensalada mixta al estilo clásico con todos los ingredientes. Ponerla en un molde de la Paco Jet y congelar durante 24 horas. Después, pasarla dos veces por la Paco Jet.

Cortar el melón de miel en juliana fina.

Beurre blanc de tomillo: Reducir todos los ingredientes al máximo. Esta reducción caliente se monta con 100 gramos de mantequilla muy fría, sal al gusto y tomillo picado.

Acabado y presentación

Preparar un espejo con la salsa de ensalada, cortar el bogavante en medallones finos y ponerlos en círculo encima de la salsa de ensalada.

Colocar en el centro del círculo de bogavante el melón y tapar con la *beurre blanc* de tomillo.

BOLA DE CERDO IBÉRICO CON SALSA DE VINO TINTO, BERENJENAS, «MOUSSE» DE PEREJIL Y TARTA DE PATATA

_____

Ingredientes (para 4 personas)

1 redondo de cerdo ibérico • sal • pimienta • aceite de oliva

Para la *mousse* de perejil: 300 g de perejil blanqueado • 1/8 de l nata líquida • 1 trozo pequeño de mantequilla • una pizca de sal • nuez moscada

Para las berenjenas: 2 berenjenas

Para la tarta de patata: 1 patata grande

Para la salsa de vino tinto: 1/2 l de vino tinto con cuerpo • 1/4 de l de Oporto tinto • 1/4 de l de caldo oscuro de carne

Elaboración

Cortar la bola (el redondo) en cuatro medallones de 100 gramos, salar, pimentar con pimienta negra molida, marcar en aceite de oliva caliente y terminar la cocción durante 1 hora en el horno a 75 ºC.

Mousse de perejil: Reducir un poco la nata líquida, añadir los demás ingredientes y trabajarlo con la batidora hasta que se consiga una consistencia tipo *mousse*.

Berenjenas: Cortar las berenjenas en lonchas finas y largas con cortafiambres. Preparar una bandeja resistente al fuego con papel de cera y meter las lonchas de berenjena separadas encima del papel. Tapar las lonchas con otra hoja de papel de cera y hornear durante 20 minutos a 120 ºC.

Tarta de patata: Cortar una patata grande en rodajas finas y dar a las rodajas forma redonda con un cortapastas de 1 centímetro de diámetro. Coger las láminas finas de patata y montar un círculo de 7 centímetros de diámetro, colocando las lonchas de patata como si fueran escamas. Freír en la sartén con un poco de aceite de oliva durante 6 minutos por los dos lados. Salar la tarta antes de emplatar.

Salsa de vino tinto: Juntar 1/2 litro de vino tinto con cuerpo y 1/4 de litro de Oporto tinto, reducir al máximo y añadir 1/4 de litro de caldo oscuro de carne y volver a reducir hasta la mitad.

TAPAS GOLOSAS DEL TRISTÁN

Ingredientes

Para el suflé de requesón: 70 g de requesón seco • 1 yema de huevo • 1 punta de cuchillo de vainilla de Borbón • 1 clara de huevo • 5 g de azúcar

Para la espuma de tiramisú: 100 g de bizcocho oscuro • 1 taza llena de café expreso • 1 cucharada de azúcar líquido • 1 cucharada de Tía María

Para la espuma de mascarpone: 1 yema de huevo • 1/2 huevo • 40 g de azúcar • 100 g de nata líquida • 125 g de mascarpone • 20 ml de Amaretto

Para el puro de chocolate relleno con *mousse* blanca de chocolate: 100 g de cobertura de chocolate blanco • 140 g de nata líquida • 15 g de orujo de cereza • 1 yema de huevo • 125 g de nata montada • 1 hoja de gelatina

Para el ragú de fresas con sorbete de saúco: 4 fresas cortadas en dados pequeños • 4 fresas maduras • 2 cucharadas de azúcar líquido • jugo de limón • granadina • 200 g de zumo de saúco • 25 g de mantequilla • 1 yema de huevo • 2 cucharadas de sirope de saúco

Para la flor de Wan Tan con *mousse* de moka: 4 hojas de Wan Tan • 1 huevo entero • 10 ml de Tía María • 10 ml de Baileys • 10 ml de crema de cacao • 30 g de azúcar • 3 hojas de gelatina • 1 cucharada de cobertura blanca • 2 cucharadas de café líquido muy fuerte • 100 g de nata montada

Para el granizado de vino tinto: 1/2 botella de vino tinto joven • 1 clavo • 1/2 palito de canela • 125 g de azúcar • 20 g de coulis de frambuesa • un poco de corteza de naranja y limón

Para el granizado de naranja: 1/2 l de zumo de naranja • 50 ml de Grand Marnier amarillo • 1 anís de estrella • 10 g de azúcar

Elaboración

Suflé de requesón: Mezclar bien el requesón, la yema de huevo y una punta de cuchillo de vainilla de Borbón en un bol. Montar una clara de huevo con 5 gramos de azúcar y añadir a la masa de requesón. Meter la masa en cuatro moldes pequeños resistentes al fuego y hornear durante 8 minutos a 220 °C, sin abrir el horno durante la cocción.

Espuma de tiramisú: Mezclar todo con la batidora y meterlo en una botella Easy.

Espuma de mascarpone: Montar al baño María una yema de huevo, medio huevo y 40 gramos de azúcar. Mezclar todo con 100 gramos de nata líquida, 125 gramos de mascarpone y 20 mililitros de Amaretto. Meter todo en otra botella Easy.

Puro de chocolate relleno con *mousse* blanca de chocolate: Montar la yema de huevo con el orujo en el baño María. Mezclar la nata líquida con la cobertura blanca templada. Añadir la yema montada y la gelatina. Enfriar la masa un poquito y mezclar la masa rápidamente con la nata montada. Poner la *mousse* 2 horas en la nevera. Una vez fría, rellenar los tubos de chocolate con la *mousse*.

Ragú de fresas con sorbete de saúco: Mezclar con la batidora cuatro fresas maduras con dos cucharadas de azúcar líquido. Según el sabor de las fresas, habrá que añadir jugo de limón y granadina. Para el sorbete de saúco, meter el zumo de saúco, la mantequilla, la yema y el sirope de saúco en la heladera y trabajarlo hasta que se forme una masa de sorbete.

Cortar las fresas en dados pequeños y servir acompañadas de la salsa de fresas y el sorbete de saúco.

Flor de Wan Tan con *mousse* de moka: Meter cuatro hojas de Wan Tan encima de cuatro tapones de corcho y freír a 190 ºC en la freidora. Dejar enfriar lentamente.

Para la *mousse* de moka, montar el huevo, el Tía María, el Baileys, la crema de cacao y el azúcar al baño María, y añadir tres hojas de gelatina, una cucharada de cobertura blanca y dos cucharadas de café líquido muy fuerte. Dejar enfriar esta masa y mezclar con 100 gramos de nata montada.

Granizado de vino tinto y naranja: Hervir todos los ingredientes unos 5 minutos, después pasarlo por el chino y congelarlo. Hacer lo mismo para el granizado de naranja.

Pedro Subijana

Restaurante Akelarre

Paseo Padre Orcolaga, 56

20008 Igueldo

San Sebastián

Tlfos.: 943 31 12 09/943 21 40 86   Fax: 943 21 92 68

www.akelarre.net   restaurante@akelarre.net

Chipirón marinado con sopa de cebolla al parmesano

———

Ingredientes (para 4 personas)

chipirones de 12 cm aproximadamente • 100 g de aceite de oliva suave (mezcla de refinado con virgen) • 100 g de aceite de oliva virgen • 1/2 manojo de cebollino chino • tintas de chipirón

Para el pan de cebolla: 3 cebollas • 10 ml de agua • 25 g de maicena

Para la sopa de cebolla al parmesano: 2 cebollas • 1/2 muslo de gallina • 100 g de parmesano • 7 g de maicena • 2 l de agua

Elaboración

Limpiar los chipirones y reservar sobre un escurridor. Guardar las tintas con una gota de agua. Aplastar las tintas en una bandeja sobre un papel sulfurizado y meter al horno a 100 °C durante 1 hora o 1 hora y media. Una vez secas, triturar con los dos tipos de aceites. Reservar.

Pan de cebolla: Cortar las cebollas en *brunoise* y pochar a fuego muy suave durante 3 horas. Añadir la maicena y el agua poco a poco. Cocer durante 5 minutos, obteniendo una *velouté* espesa con trozos de cebolla. Extender una capa fina sobre un *silpat* y, finalmente, secar en el horno durante 90 minutos a 100 °C.

Sopa de cebolla al parmesano: Limpiar la mitad del muslo de gallina. Pelar y cortar por la mitad las cebollas. Poner todo en una cazuela con 2 litros de agua fría y cocer a 95 °C durante 3 horas.

Apartar la gallina y triturar con las cebollas y el caldo. Separar 1 litro, triturar con el parmesano y colar. Poner al fuego y, cuando empiece a hervir, añadir la maicena, previamente disuelta en un poco de agua. Cocer durante 3 minutos y colar. Meter en el sifón.

Acabado y presentación

Cortar los chipirones. Poner en el aceite de tinta de chipirón (cuando esté a 90 °C) y dejar en ese aceite durante 1 minuto.

Sacar los chipirones a una bandeja y emplatar. Añadir a la espuma de sopa de cebolla el parmesano, poner las cortezas de pan de cebolla por encima y decorar con el cebollino chino, cortado en tiras de 3 centímetros en diagonal o bien con tallo de cebolleta verde.

CORDERITO ASADO, SERVIDO SIN HUESOS, CON «NUBE» DE PATATA FRITA Y ENSALADA GELATINO «AL DENTE»

Ingredientes (para 4 personas)

Para el corderito: 1/2 corderito de leche • 1/2 limón • 4 dientes de ajo • 80 ml de aceite • 80 g de manteca de cerdo • 50 ml de vino blanco • 10 ml de agua

Para el polvo de especias: 2 dientes de ajo • 1 hoja de laurel • 1/2 ramillete de tomillo • 40 g de pan rallado Sopako

Para la ensalada: 2 tomates • 1/2 lechuga • 1/2 cebolleta • 40 g de aceituna negra de Aragón • 40 ml de aceite de oliva de 0,4° • 30 g de agar-agar

Para la *nube* de patatas: 2 patatas • aceite de oliva • sal

Elaboración

Asar el cordero, sazonado con sal y sobado con un poco de manteca de cerdo, en una tartera de horno. Colocar media cabeza de ajo en la tartera y añadir 100 mililitros de agua. Meter al horno muy suave (unos 150 °C) durante 1 hora.

Al cabo de una hora, subir la potencia del horno a 230 °C y añadir un poquito de vino blanco y, si es necesario, un poquito más de agua.

Dar la vuelta a los cuartos de cordero y poner ya en su posición definitiva. Cuidarse de que se dore bien y sacar al cabo de otra hora aproximadamente, listo para servir.

Quitar con mucho cuidado la piel doradita y crujiente y reservar, para poner luego un trocito encima de cada ración. Desmenuzar todo el cordero, quitándole, con ayuda de una cuchara, los huesos y las grasas. Colocar en cada plato los trozos magros.

Salsear el plato, desglasando la bandeja en la que se ha asado el cordero con un poco de agua sobre el fuego.

Polvo de especias: Freír los ajos bien picaditos, escurrir y secar con papel absorbente.

Poner el laurel y el tomillo, que han de estar secos, junto con el ajo en un molinillo de especias y hacer polvo. Pasar por el tamiz y mezclar con el pan rallado. Pintar el borde del plato con una brochita untada en aceite y espolvorear con el polvo, para que quede bien impregnado. Sacudir el plato, de modo que quede impregnado sólo donde hemos aplicado el aceite con la brocha.

Ensalada: Remojar el agar-agar en agua fría. Escurrir y disolver directamente a fuego suave en una *sauté*. Reservar en el frigorífico.

Triturar un poquito los tomates, poner en el fuego y llevar lentamente a hervir. Después de haber estado en ebullición durante 1 minuto, sacar del fuego y pasar por una estameña, para que vaya colando por gravedad. Pesar 100 gramos de ese jugo y añadir un 6 % de agar-agar, llevar a ebullición durante 1 minuto. Distribuir el líquido transparente en cuencos individuales, justo napando la base de estos. Guardar en frío.

Separar las hojas de lechuga de los tallos; picar estos últimos en juliana fina y guardar en agua fría. Secar las hojas y meter en aceite hirviendo 1 segundo, acto seguido pasar por agua helada. Secar y meter en la estufa, hasta que se sequen y se queden crujientes. Deshuesar las aceitunas, triturar junto con el aceite y colar. Picar la cebolleta en juliana y freír en aceite, que quede crujiente y seca.

Patatas: Pelar y licuar las patatas. Calentar el jugo muy suave, justo para que espese un poquito, extender sobre un *silpat* y meter 1 minuto al vapor a 119 °C. Secar encima del horno o de los fuegos. Una vez que se haya hecho lámina, coger trozos con cuidado y freír en abundante aceite no muy caliente. Sazonar con sal.

Acabado y presentación

Sacar los cuencos individuales y poner el tallo de la lechuga aliñado encima, meter en el gratinador y, una vez caliente (60 °C), sacar. Colocar encima la cebolleta y, sobre esta, la lechuga. Decorar con un cordón de aceituna negra.

En el plato que se ha pintado con el polvo de especias, colocar el magro de cordero bien caliente, rociar con el jugo obtenido de asarlo y colocar un trozo de piel crujiente sobre el mismo. Finalmente, cubrir el conjunto con una *nube* de patata frita.

Gin-tonic helado

Ingredientes (para 4 personas)

360 ml de tónica • 50 ml de ginebra • 5 hojas de gelatina

Para la salsa de limón: 2 limones • 50 ml de agua • 100 g de azúcar • 17 bayas de enebro

Para la teja: 100 g de azúcar glas • 50 g de harina • 50 g de jarabe (25 ml de agua y 25 g de azúcar) • 50 g de glucosa

Para el sorbete de limón: 1/4 de l de zumo de limón • 250 g de azúcar • 1/2 l de agua • 2 claras de huevo

Elaboración

Gin-tonic: Poner la gelatina a remojo y disolver en el fuego con la mitad de la tónica. Pasar a un bol e ir añadiendo, poco a poco, el resto de la tónica y la ginebra, procurando que no se formen burbujas. Dejar cuajar en el frigorífico.

Salsa de limón: Cortar la corteza de los limones en juliana muy fina. Poner a cocer con el azúcar y el agua. Cuando el jarabe esté bien espeso, añadir el zumo de uno de los limones y mezclar la salsa resultante con el enebro finamente picado.

Teja: Mezclar bien todos los ingredientes. Sobre un *silpat* extender a lo largo una capa muy fina de la masa. Meter al horno a 200 ºC durante 5 minutos. Sacar, dejar enfriar y trocear en formas irregulares.

Sorbete de limón: Exprimir los limones hasta obtener 1/4 de litro de zumo. Por otro lado, hervir el azúcar con el agua y dejar enfriar. Una vez frío, añadir el zumo de limón y la ralladura de los limones. Mezclar bien y meter en la heladora. Cuando esté a medio montar, agregar las dos claras de huevo a punto de nieve y terminar de montar.

Acabado y presentación

En un lado del plato se monta un milhojas con la gelatina y las tejas de caramelo. En otro lado se pone el sorbete de limón. Se termina de decorar el plato con la salsa de enebro y la juliana de limón.

Benjamín Urdiarin

Restaurante Zalacaín
Álvarez de Baena, 4
28006 Madrid
Tlfo.: 91 561 48 40   Fax: 91 561 47 32

Ensalada de salmón ahumado y huevos de codorniz con endibias, lechuga y berros en salsa rosa

Ingredientes (para 4 personas)

250 g de salmón ahumado en láminas • 4 huevos de codorniz • 200 g de endibias en juliana • 100 g de lechuga, limpia y troceada • 1 manojo de berros limpio • 4 g de tomate, pelado y cortado en cuadraditos • 2 ramitas de cebollino **Para la salsa rosa:** 100 ml de mahonesa • 2 cucharadas de tomate ketchup • unas gotas de Perrins • unas gotas de brandy • 1 cucharada de zumo de naranja • 2 gotas de tabasco • sal • pimienta

Elaboración

Poner en un bol todas las verduras menos el tomate, añadir un poco de salsa rosa y mezclar.

Emplatar en cuatro platos, cubriendo las verduras con el salmón y los huevos. Decorar con el tomate y el cebollino al gusto.

MEDALLONES DE SOLOMILLO AL ESTRAGÓN

Ingredientes (para 4 personas)

800 g de solomillo, limpio y cortado en 8 medallones • 30 g de cebolla • 1 cucharada de vinagre de estragón • 50 ml de aceite • 30 g de mantequilla • 2 ramitas de estragón • 200 ml de nata • 1.200 ml de jugo de carne • sal • pimienta

Elaboración

En una sartén se calientan el aceite y la mitad de la mantequilla, se hacen los medallones, previamente sazonados, y se sacan a una fuente. En este aceite se rehoga la cebolla unos 2 minutos, se añaden el vinagre, el estragón, la nata y el jugo de carne, se deja reducir a la mitad y se pasa por la turmix. Rectificar de sal y agregar el resto de mantequilla. Cubrir los medallones con la salsa.
Se puede acompañar con un puré de calabacines.

ESPUMA DE CHOCOLATE BLANCO Y NARANJA CONFITADA CON SALSA DE FRESAS

Ingredientes (para 4 personas)

300 g de chocolate blanco • 50 g de naranja confitada en cuadraditos • 3 yemas de huevo • 3 claras de huevo • 1/4 de l de nata • 4 hojas de gelatina • 20 g de mantequilla

Para la salsa: 100 g de fresitas o fresones • 50 g de azúcar • 1/4 de l de agua

Elaboración

Fundir el chocolate con la mantequilla al baño María, añadir las yemas y trabajar todo muy bien.

En un cazo con 50 mililitros de nata caliente, deshacer la gelatina, agregar la naranja y mezclar el conjunto.

Montar el resto de la nata y las claras por separado, juntar poco a poco con el chocolate y dejar enfriar en la cámara unas 8 horas.

Para la salsa, hervir el azúcar, las fresas y el agua 6 minutos y pasar por un chino.

Servir la espuma de chocolate blanco y naranja confitada en cuatro platos, acompañada de la salsa de fresas.

Jacinto del Valle

Restaurante Porto Pí
Garita, 25
07015 Palma de Mallorca
Baleares
Tlfo.: 971 40 00 87   Fax: 971 40 56 63

CAZOLETA DE SETAS DE PRIMAVERA

Ingredientes (para 4 personas)

1/2 cebolla • 2 dientes de ajo • 1/2 l de consomé de setas

Para el consomé de setas: 100 g de Shii-take liofilizado • 100 g de *cep* liofilizado • 100 g de tronco de champiñón • 1/2 cebolla • 1 zanahoria • 1 puerro: 200 g de cada tipo de seta de primavera (rebozuelos, senderuelas, seta de ostra, oreja de judas, morilla)

Elaboración

Cortar la cebolla en pedazos muy pequeños junto con el ajo bien picado y rehogar en aceite de oliva. Una vez rehogada, agregar las setas, en primer lugar las más correosas, como la morilla, senderuela, etcétera.

A media cocción agregar un poco de consomé de setas y dejar cocer hasta su totalidad.

Este plato acepta perfectamente verduras de acompañamiento.

Consomé de setas: Limpiar las setas con abundante agua fría y poner a cocer con un litro y medio de agua junto con la verdura, a fuego lento durante al menos 20 minutos. Transcurrido este tiempo, colar.

Terrina de «foie» con chocolate

Ingredientes (para 4 personas)

400 g de terrina de *foie* • 100 g de chocolate • 1 brioche • un chorro de Pedro Ximénez

Elaboración

Fundir el chocolate al baño María; dejar templar.

Cortar el *foie* en finas láminas, pintar con un pincel untado de chocolate las láminas de *foie* y colocarlas unas encima de otras hasta obtener unas cinco o seis capas; dejar enfriar.

Se puede servir con un brioche emborrachado de Pedro Ximénez. El tipo de chocolate dependerá del gusto del comensal, aunque para este plato es preferible un chocolate suave.

Fresas estofadas a la menta con leche de nueces

Ingredientes

Para la leche de nueces: 100 g de azúcar • 1 l de leche de oveja • 200 g de nueces

Para las fresas: 400 g de fresas • 1/4 de l de zumo de naranja • una ramita de vainilla • unas hojas de menta

Para las galletas: 20 g de clara de huevo • 20 g de mantequilla • 20 g de azúcar • 20 g de harina • 20 g de nueces en polvo

Elaboración

Leche de nueces: Poner a hervir la leche con las nueces y el azúcar hasta que haya reducido una cuarta parte de su volumen, triturar y colar. Dejar enfriar en un sitio fresco.

Fresas: Poner las fresas, el zumo de naranja, la vainilla y la menta al fuego. Una vez que arranca el hervor, retirar y dejar enfriar.

Galletas: Mezclar los ingredientes de la galleta y, encima de un *silpat*, dar forma de círculos de unos 3 centímetros de diámetro. Hornear hasta que estén dorados y dejar enfriar.

Acabado y presentación

En un plato hondo hacemos un milhojas con las galletas y las fresas y en el fondo ponemos leche de nueces.

Toñi Vicente

Restaurante Toñi Vicente

Rosalía de Castro, 24
15706 Santiago de Compostela
A Coruña
Tlfo.: 981 59 41 00   Fax: 981 59 35 54

ENSALADA DE BUEY DE MAR EN SU PROPIO JUGO CON VERDURITAS CRUJIENTES

Ingredientes (para 6 personas)

1 buey de 1 k y 1/2 • 1 calabacín • 1 cebolla • 1/2 pimiento rojo • 12 aceitunas • 2 hojas de laurel • 1/4 de cebolla • aceite de trufa

Elaboración

Cocer el buey en agua con sal y laurel. Dejar enfriar. Cortar las verduras en daditos diminutos, cocer *al dente* y enfriar. Limpiar el buey y retirar toda la carne, con cuidado para que no queden huesos. Recuperar aparte todo el jugo del caparazón junto con los corales y reservar.

Acabado y presentación

En un aro de repostería poner una base de verduras, encima distribuir la carne del buey y terminar con otra capa de verduras. Triturar todo el jugo del caparazón con sus corales. Si fuese necesario rebajar la fuerza con un poco de agua o nata. Poner en la base del plato el jugo de buey y la ensalada. Se puede servir fría o templada.

Para servirla templada hay que calentarla dentro del propio aro, bien en una sartén, bien al horno, tapada con papel de aluminio para que no se reseque, durante 2 o 3 minutos.

MERLUZA CON ALMEJAS EN SALSA VERDE

Ingredientes (para 4 personas)

4 lomos de merluza • 8 almejas grandes • 100 g de guisantes • perejil • 6 dientes de ajo

Para la mantequilla de patata: 100 g de *fumet* de merluza • 80 g de mantequilla • 30 g de puré de patata • perejil picado

Elaboración

Dorar cuatro dientes de ajo y ponerlos en aceite con perejil. Preparar un *fumet* de merluza con ajo.

Poner el *fumet* a calentar, incorporar la mantequilla, el puré de patata y el perejil; debe quedar ligero. Cocer los guisantes hasta que estén *al dente* y refrescar. Abrir las almejas a la plancha. Cocer la merluza al vapor dejándola poco hecha.

Acabado y presentación

Poner la merluza en la base del plato, acompañar con las almejas recién abiertas, el puré y los guisantes. Aderezar con aceite de ajo y perejil.

MEMBRILLO CON HELADO DE YOGUR, SU PROPIA «GELÉE» Y ACEITE DE VAINILLA

Ingredientes (para 6 personas)

3 membrillos • 1 litro de agua • 1/2 k de azúcar • 1/2 k de yogur • 150 g de azúcar • 1 vaina de vainilla • 100 ml de aceite virgen

Elaboración

Membrillo: Cocer el membrillo de forma tradicional, preparando un almíbar con el agua y el azúcar por espacio de 1 hora aproximadamente, hasta que tenga un bonito color. Si es necesario, incorporar más agua. Nos debe quedar una gelatina del propio membrillo, una vez frío.

Helado de yogur: Mezclar el azúcar y el yogur y pasarlo por heladora. En su defecto, congelar directamente.

Aceite de vainilla: Sacar los granos de vainilla de la vaina y macerar.

Acabado y presentación

Acompañar el membrillo con el helado y la *gelée*, junto con el aceite de vainilla.

El helado de yogur le aporta mucha frescura al membrillo. Si se quiere un postre más contundente y también buenísimo, acompañar con helado de queso.

Glosario

Aceite de humo

Una manera de aromatizar los aceites, se ahúman por lo general con madera de encinas, de esta manera los aceites adquieren una coloración más oscura y un aroma diferente, manteniendo sus oligoelementos pero con mayor potencia para ensalzar sabores.

Aceto di Modena

(Véase *Vinagre de Módena*)

Achicoria

Ensalada de hojas entre rojas y moradas, de sabor un poco amargo. Es muy decorativa y estupenda para mezclar con otras ensaladas. En Italia, de donde es originaria esta verdura, además de cruda se prepara a la plancha con unas gotas de aceite de oliva. En italiano se denomina *radicchio*. Sus raíces secas producen la achicoria que se utilizaba como sucedáneo del café y como condimento.

Agar-agar

Sustancia que se extrae de diversas algas y que se usa para espesar las salsas, pues se hincha en contacto con el agua al absorber líquido, formando así una gelatina.

Agraz

Uva sin madurar. También se denomina así al zumo que se saca de este tipo de uva.

Ajedrea

Planta olorosa que se usa como infusión estomacal. Si se echa demasiada en un plato, produce un sabor amargo.

Al dente

Punto justo de cocción de la pasta, cuando aún está un poquito dura. También se dice de las verduras y del arroz.

Alga nori

Alga muy utilizada en la cocina japonesa. Se vende seca en láminas muy finas. Es el alga con la que se envuelven los rollitos japoneses denominados *maki,* que contienen arroz y pescado crudo u otros ingredientes en su interior.

Almíbar

Preparado de agua y azúcar que se cuece hasta alcanzar una determinada densidad. A veces se denomina también sirope o jarabe. Si al coger una gota con los dedos y dejarla caer se forma un hilo fino, se dice que el almíbar está a punto de hebra fina; si, en cambio, el hilo es más grueso, se denomina a punto de hebra gruesa.

Anís estrellado
(Illicum anisum)
Semilla con forma de estrella y un aroma que recuerda al del anís, aunque tiene un sabor más fuerte y picante.

Apio en bola

Del apio normalmente se consumen las ramas. Sin embargo, el bulbo del apio, o apio en bola, también es delicioso para cocinar, pues su sabor es mucho más suave que el de las ramas.

A punto de boca (almíbar)
Modo de medir la densidad del almíbar.

Anticristalizante

Sustancia que impide que un líquido en la heladora o en el congelador cristalice en forma de hielo. De este modo, se obtiene la textura cremosa propia de un sorbete.

Azúcar invertido

Mezcla de glucosa y fructosa, los dos componentes del azúcar.

Azúcar isomal

Es el nombre que se le da a un tipo de azúcar de los denominados *light*. En realidad el isomal es uno de los alcoholes que componen los azúcares con alto poder energético, por lo tanto y aunque ese azúcar reciba ese nombre, es un alcohol de los denominados edulcorantes calóricos.

Azúcar moscorado

Es otra variante de azúcar con mucho poder calórico, utilizado por lo general como sustituto de la glucosa debido a que le aporta mucho cuerpo a los platos que se hacen con este azúcar.

Blanquear

Introducir los alimentos unos minutos en agua hirviendo para suavizarlos, quitarles olor o pelarlos mejor.

Borraja

Verdura de la que normalmente se consumen los tallos, semejantes a las pencas de acelga. Están recubiertos de unos pelillos que hay que quitar antes de cocinarlos. También se pueden usar las hojas de borraja, aunque es menos frecuente y son más difíciles de encontrar, pues a menudo se venden los tallos en bandejas. La planta tiene también numerosas aplicaciones medicinales, pues estimula la sudoración y la producción de orina.

Boulot

Bien regordete o bien rellenito.

Bouquet

Palabra francesa que significa ramo. Hace referencia, normalmente, a un conjunto de verduras o plantas aromáticas colocadas en el plato para adornar.

Bresa

Normalmente se dice de un conjunto de verduras crudas cortadas en trozos regulares.

Bridar

Atar los alimentos con un cordel para que mantengan una forma determinada mientras se cocinan.

Brunoise

Forma de cortar los alimentos, normalmente las verduras, en cuadraditos de 1 x 1 cm.

Cabernet-Sauvignon

Tipo de uva.

Cañaílla

Caracol de mar.

Canetón

Es un pato muy joven, de esta manera, después de una cocción, queda más jugoso y mucho menos fibroso. En Francia, según para qué platos y elaboraciones, no se utiliza el *canard* (pato) sino el canetón, por su jugosidad, es un patito más joven que el pato habitualmente utilizado en cocinas.

Cansalada

Panceta beteada y salada, no confundir con el tocino salado, que no tiene nada de beta.

Carlota
Zanahoria.

Carré de cordero
Costillar de cordero.

Ceps
(Boletus edulis)
Nombre catalán para el hongo común o seta de Burdeos.

Chalota o chalote
Planta de la familia de las liliáceas. Parece una cebolla pequeña y su sabor también es semejante, pero más suave.

Citronella
Nombre italiano del toronjil, en castellano también se denomina *citronela* y *cidronela*. Se trata de una planta herbácea común en España, cuyas hojas se usan en medicina como remedio tónico y antiespasmódico.

Clarificar
Aclarar un líquido o grasa fundida retirando las impurezas. También se dice del azúcar, los huevos o la mantequilla. Para clarificar la mantequilla, por ejemplo, hay que fundirla y retirar el suero láctico que queda en el fondo.

Cobertura
Baño que se da a las tartas, puede ser de chocolate, un *fondant* u otras cremas.

Colas de gelatina
También se denomina así a las hojas de gelatina.

Confitar
Procedimiento de conservación de los alimentos. Las carnes se confitan en su grasa o en aceite, mientras que las frutas se confitan en almíbar.

Coulis

Salsa de frutas cuyo ingrediente básico es fruta cruda pasada por la turmix, a la que se puede añadir azúcar, cava u otro licor. Es muy corriente el *coulis* de frambuesas, por ejemplo, para decorar el fondo de los platos de postre.

Cúrcuma

Esta especia, procedente de Asia tropical y de Australia, es uno de los ingredientes del *curry* indio. Se usa como condimento, a veces como sustituto del azafrán. Es de un intenso color amarillo, por lo que sirve como colorante, y tiene un sabor ligeramente amargo. Se compra molida.

Dark Muscovado

(Véase *Azúcar muscovado/moscorado*)

Demi-glacé

En castellano, semiglasa. Reducción de una salsa, de modo que queda más espesa.

Desespumar

(Véase *Espumar*)

Desglasear/desglasar

Disolver, con la ayuda de un líquido (vino, agua, caldo...), los jugos que han quedado en el recipiente que se ha utilizado para cocinar algún alimento.

Dextrosa

Variedad de glucosa.

Embridar

(Véase *Bridar*)

Emulsionar
Forma de preparar salsas, mezclando dos líquidos, de modo que quede una consistencia espesa.

En papillote
Modo de cocinar los alimentos envolviéndolos en papel de plata.

En pomada
Mantequilla que, una vez que no está muy fría, se bate.

Escaldar
Sumergir en agua hirviendo los alimentos durante unos instantes, para pelarlos mejor —los tomates, por ejemplo— o mantener al máximo sus propiedades tras una brevísima cocción.

Escalonia
(Véase *Chalota*)

Escalunya
Nombre catalán de la escalonia.

Espárragos de bosque
Variedad de espárragos algo más amargos y mucho más finos que los trigueros.

Espumar
Quitar la espuma o impurezas que se forman en la superficie de un caldo al cocerlo, normalmente con la ayuda de una espumadera.

Estameña
Tejido de seda, lino o algodón que se usa para filtrar líquidos.

Ficoide glacial cordifole
Hierba de Bretaña que se usa para aromatizar los platos.

Film transparente

Papel de plástico transparente que se usa para cerrar los recipientes, de modo que no cojan olores si, por ejemplo, se dejan en la nevera.

Filmar

Cerrar un recipiente con papel *film* transparente.

Fondant

Mezcla que lleva como ingredientes básicos agua y azúcar, y se utiliza para bañar pasteles. También se dice del chocolate que se usa como cobertura.

Fondo

Caldo concentrado para hacer salsas, normalmente de carne.

Fumet

Nombre francés para el caldo reducido que se usa para elaborar salsas, normalmente de pescado.

Gelée

Gelatina en francés. La gelatina normalmente se presenta en forma de polvos o láminas incoloras. Se hincha en agua fría y luego se disuelve en agua hirviendo, para incorporarla a la preparación que se está elaborando. El resultado se denomina *gelée*.

Gianduia

Pasta de chocolate con avellanas típica de Turín, Italia.

Glasear

Extender una capa brillante y lisa (glasa) en la superficie de un alimento. En repostería, la glasa puede ser de frutas, de chocolate o simplemente de azúcar, pero también se puede glasear un alimento salado, en cuyo caso se recubre de una salsa de otro tipo.

Glucosa
Uno de los componentes del azúcar. Se usa para evitar la cristalización de los almíbares.

Guanaja
Tipo de chocolate.

Infusionar
Calentar agua u otro líquido con hierbas para obtener una infusión.

Jarabe
Al almíbar espeso se le denomina también jarabe. (Véase *Almíbar.*)

Jarabe T.P.T
El termino T.P.T. es la abreviatura de *ten pour ten*, expesión que mezcla el inglés y el francés. Se suele utilizar en pastelería para decir que una mezcla contiene dos ingredientes (por ejemplo agua y azúcar) al 50%.

Juliana
Cortar en juliana es cortar en tiras finas, normalmente se dice de las verduras.

Licuar
Convertir un sólido en líquido, triturándolo o calentándolo.

Ligar
Trabar o engordar una salsa agregando distintos ingredientes, como harina, maicena, mantequilla o yemas.

Lollo roso
Ensalada de origen italiano. Tiene hojas rizadas con un tono rojo en los bordes.

Mandolina

Utensilio de cocina que sirve para cortar verduras, patatas, etc., en trozos de distintas formas y tamaños.

Manjari

Es un tipo de chocolate de la marca Valrhona, es un chocolate de 64% de pureza, de cacao. El origen de estas habas de cacao proviene de Madagascar, por este motivo tienen un sabor particular, exótico, aromatizado como a frutos exóticos, predominando aromas a naranjas.

Marcar

Se dice de los alimentos que se cocinan a la plancha muy ligeramente, de modo que las marcas de la plancha quedan en ellos.

Mirepoix

Forma de cortar las verduras en pequeños trocitos.

Morilla

(Morchella esculenta)

También llamada colmenilla. Se trata de una seta de excelente calidad y sabor delicado y fino. Su sombrero está formado por alveolos que recuerdan a una colmena, de ahí el nombre de colmenilla. Se recomienda no consumirla cruda.

Nabo daycon o daikon

Nombre japonés de un nabo muy grande, que se usa mucho en la cocina japonesa.

Napar

Recubrir un preparado de salsa.

Oreja de Judas

(Auricularia Aurícula-Judae)

Seta de color pardo o gris oliva, cuyo sombrero es irregular y ondulado, parecido a veces a una oreja. Sirve para hacer sopas y también se puede comer cruda.

Oxalis

(Oxalis europaea)

Planta perenne originaria del este asiático y América del Norte, aunque perfectamente adaptada en Europa. Crece sin ser cultivada en jardines y terrenos baldíos. La hoja se asemeja a la del trébol, y las flores son pequeñas y amarillas.

Paco Jet

Una máquina nueva cuya utilidad, por lo general, es montar helados, cambiando el sistema convencional de una mantecadora, ya que esta los monta de 0° a -12°, sin embargo la Paco Jet tiene unas hélices a muy altas revoluciones que, de -24° a unos -10°, aportan una cremosidad especial.

Pan cabezón

Pan de hogaza.

Papel sulfurizado

Papel satinado que se utiliza en la cocina para cubrir las bandejas de horno o los moldes, de modo que los alimentos no se peguen.

Perifollo

También llamado perejil rizado, aunque es una planta distinta del perejil. Su sabor es más suave que el del perejil. Se usa mucho para decorar los platos.

Perrechico o *perretxiko*

(Calocybe gambosa)

Nombre vasco de la seta de San Jorge. Se trata de una seta de sombrero carnoso, firme y de color crema. Su carne es blanca, compacta, con un agradable olor a harina. Es exquisita y de delicado sabor.

Muchos la consideran la mejor de todas las setas, y algunos la comen cruda.

Pimienta de Jamaica
(Pimenta officinalis)
Variedad diferente de la típica pimienta negra *(Pimenta nigrum)* cuyo fruto es una baya globular de color negro con una sola semilla en su interior. Es un estimulante aromático y picante.

Pitu
Palabra asturiana que significa pollo.

Quenelle
Palabra francesa que significa bola parecida a una croqueta. Se dice, por ejemplo, de una bola de helado o de arroz que se sirve en el plato.

Radicchio
(Véase *Achicoria*)

Rebozuelo
(Cantharellus edulis)
Seta cuyo sombrero, carnoso y grueso, es de color amarillento y está hundido en el centro. Es muy rica y de fácil conservación, ya que se puede desecar ensartándola en hilos. Su carne es firme, de olor agradable y sabor dulce.

Redaño
Membrana fina que sostiene el intestino de muchos animales. Se usa para envolver la carne u otros preparados.

Reducir
Concentrar una salsa o un caldo, poniéndolo al fuego para eliminar líquido. De este modo, se aumenta el sabor y se obtiene una salsa de mayor consistencia.

Repápalos

Postre típico extremeño. Consiste en elaborar una masa con leche, yemas, azúcar y otros ingredientes, que luego se fríe.

Rosa canina

Nombre botánico del rosal silvestre.

Rucola

Planta cuyas hojas se utilizan en ensalada. El nombre en castellano es *ruca* u *oruga*, pero habitualmente se la conoce por su nombre italiano, *rucola*.

Ruibarbo

Planta herbácea perenne, cuya raíz se usa en medicina por sus propiedades purgantes y digestivas. Es de color rojizo y sabor ácido.

Rustir

Asar.

Sabayón

Crema cuyos principales ingredientes son yemas y licor. Normalmente también lleva azúcar.

Sal Maldon

Cristales de sal que resultan muy decorativos para adornar los platos.

Salamandra

Estufa de carbón de forma rectangular.

Salsa París

Es una salsa oscura, con cierto sabor a quemado, elaborada con azúcares que sirve para aportar cuerpo y color oscuro a ciertas salsas o elaboraciones, sobre todo de carne.

Saltear

Cocinar los alimentos con un poco de aceite a fuego vivo y destapados, moviendo continuamente para que no se peguen los alimentos.

Sauté

Término francés para la salteadora, sartén de paredes altas en la que se pueden remover fácilmente los alimentos al saltearlos, sin que se salgan.

Senderuela

(Marasmius oreades)

También llamadas senderilla o senderina. Seta de sombrero poco carnoso y color café con leche claro. Su carne tiene sabor dulce y un agradable olor a almendras. Es excelente, aunque se aconseja recolectar sólo los ejemplares jóvenes. Se puede desecar para el consumo posterior.

Silpat

Malla de fibra de vidrio que se utiliza para cubrir las bandejas del horno. Se usa para lo mismo que el tradicional papel de horno, pero se puede usar muchas veces y se limpia muy bien, por lo que resulta muy conveniente.

Sirope

(Véase *Almíbar*)

Tetragone

Hierba de Bretaña, que se utiliza para aromatizar los platos.

Strudel

Pastel típico de Alemania y Austria. Se elabora enrollando una masa, que se rellena de distintos ingredientes.

Thermomix

Robot de cocina muy completo, que sirve para batir, triturar y mezclar.

A diferencia de otros aparatos de cocina de este tipo, alcanza altas temperaturas, por lo que también se puede cocinar en él.

Trufa *(Tuber)*
Existen unas treinta especies de trufas europeas. Entre las consideradas mejores están la trufa de invierno *(Tuber brumale)* y la trufa negra *(Tuber melanosporum)*. Ambas son excelentes y de aroma muy perfumado.

Turbinar
Pasar por la turbina.

Vainilla de Borbón
Variedad de la vainilla.

Velouté
Salsa de textura aterciopelada, de ahí su nombre (del francés *velours*, terciopelo).

Vinagre balsámico
(Véase *Vinagre de Módena*)

Vinagre de Módena (en italiano, Aceto di Modena)
Vinagre elaborado en la ciudad italiana de Módena, de color muy oscuro y sabor algo dulce.

Xips de patata
Chips de patata.

Índice de primeros

Índice de segundos

Índice de postres

Índice de restaurantes